図解で学ぶ

SEのための
企業年金
入門 ［第2版］

株式会社シーエーシー
金融ビジネスユニット
［著］

一般社団法人 **金融財政事情研究会**

はじめに

　65歳以上の人口割合（高齢化率）が、7％を超えると「高齢化社会」、14％を超えると「高齢社会」、21%を超えると「超高齢社会」と呼ばれます。いま、この割合が28.1%（2018年10月時点）となり、「超高齢社会」がますます進んでいます。人生100年時代といわれ平均寿命（2018年厚生労働省「簡易生命表」より）は、女性が87.32年、男性が81.25年と、人生が長期化する時代で、必要となる生活費の主体である公的年金が重要となっています。

　一方、企業年金制度は、1962年の適格退職年金制度開始、1966年の厚生年金基金制度創設によって、本格的に整備されました。その後、2001年の企業年金二法の成立に伴い、確定拠出年金制度（日本版401(k)）および確定給付企業年金制度へと再編しました。また、さらなる制度変更・再編により、適格退職年金制度は2012年に廃止、厚生年金基金制度も、2014年4月以降の新設は認められず、実質制度廃止の状態となっています。

　当社、株式会社シーエーシーは、独立系のITサービス企業として情報システムの構築や運用を主たる事業としていますが、特に企業年金システムの分野では、信託銀行向けを中心に数多くのシステム開発を推進・支援してきました。40年以上にわたって、50を超える企業年金システムの開発・保守に携わってきた経験のなかで蓄積した「企業年金の業務知識」を第1版では体系化しました。いま、第2版では、最新の法改正等を取り入れながら、過去の制度がどのようになっていたか理解できるよう整理してあります。

　企業年金制度に関する書籍は世の中に数多く存在していますが、SEにとって全体像を把握するのに適した書籍はなかなか見当たりません。企業年金制度の全体像を把握できる解説書を最新化して残したいとの思いから、本書第2版を出版することにしました。

　本書は、第1版同様企業年金にかかわる全体を網羅しており、これから企

業年金制度を学ぼうとする人にもわかりやすく解説することを心がけました。本書が企業年金業務に携わるSEの方々、また企業で企業年金業務を担当される方々にも広くお役に立てれば幸甚です。

株式会社シーエーシー

業務担当執行役員

金融ビジネスユニット長

佐別當　宏友

第 2 版の刊行にあたって

2009年 7 月に『図解で学ぶ　SEのための企業年金入門』を刊行してから、早いもので、約10年が経ちました。刊行直後は本書がはたしてどの程度受け入れられるのか、予測できませんでした。しかしながら、おかげさまで一部の企業年金システムに関わる方々からある程度の評価をいただき、今回第 2 版を発行できることになりました。

公的年金および企業年金制度は、10年の間にさまざまな法改正等がありました。まずは、この変化を本書全体に反映し、いまさら記述が必要でないと判断した部分を削除しました。大きな改定である、適格退職年金制度の廃止、厚生年金基金制度の実質廃止状態を考慮して、第 3 章から第 6 章の業務的な記述、第 7 章企業年金と対応システムの記述に関しては、両制度に関する部分を削除しました。厚生年金基金制度のシステムとしては、まだ本番運用している基金もありますが、ニーズが少ないと判断したためです。

全体の構成は、第 1 版と同様、変更せず以下のような流れで執筆してあります。

第 1 章で、わが国の公的年金を含めた年金制度全体の概要説明から始め、企業年金制度とは何かが理解できるよう、個々の企業年金制度の概要を述べました。第 2 章で、3 つの企業年金システムにつながるように全体鳥瞰として 3 つの観点、「年金制度の設計・運用」「人の管理」「年金資産の管理」を取り上げて説明しました。

これらの 3 つの観点は、さらに第 3 章「制度設計に関するイベント」と第 6 章「退職給付会計」、第 4 章「人の管理に関するイベント」、第 5 章「年金資産の管理に関するフロー」へと展開し、それぞれ企業年金の業務知識として入門レベルの内容で解説しました。

最後の第 7 章では、企業年金業務とシステムを対応させて、3 つの企業年

金システムの機能概要とシステム構成図を示しながら整理しました。

　企業年金とそのシステムを学ぼうとするSEの方々にとって、この第2版がいささかなりともお役に立てれば幸いです。引き続きご指摘事項やご意見などございましたら、下記メールアドレスまでお送りいただきたく、よろしくお願いします。

【メールアドレス】nenkinsyoseki@cac.co.jp

　最後に第2版の執筆に際し、多くのご助力と適切なアドバイスをいただいた社内外の方々に御礼申し上げます。また、株式会社きんざいの堀内駿氏には編集・校正で各種のアドバイスを頂戴しました。この場を借りて、厚く御礼申し上げます。

2019年8月

株式会社シーエーシー

金融ビジネスユニット

執筆者代表　須川　博之

【著者所属企業概要】

株式会社シーエーシー（CAC）

日本で最初の独立系ソフトウェア専門会社として1966年に発足。株式会社CAC Holdings（東証一部上場）を持株会社とするCACグループの中核企業として、金融、医薬分野などのシステム開発・運用サービスと業務受託サービスを国内外で展開。近年は、社会やビジネスのイノベーションに寄与するデジタルソリューションの提供に注力している。

URL：https://www.cac.co.jp/

【著者紹介】 主な業務経歴　開発システム名称（担当工程、役割）

佐野　邦明（さの　くにあき）　第3章、第6章

年金数理人、公益社団法人日本アクチュアリー会　正会員

現在、一般社団法人年金綜合研究所　評議員・主席研究員

株式会社シーエーシー専門顧問　2014年3月〜2019年2月在籍

　年金管理システム・年金数理システム開発に関するアドバイス

　年金制度に関する研究活動

三菱信託銀行（現：三菱UFJ信託銀行）　1975年4月〜2014年2月在籍

　企業年金・退職給付会計に関連するアクチュアリー業務

　公私年金制度・退職金制度に関連する制度全般の調査研究

　企業年金・退職金に関するコンサルティング

須川　博之（すかわ　ひろし）　全体編集、第1章、第2章、第4章、第7章

社会保険労務士

現在、株式会社シーエーシー金融ビジネスユニット所属　シニア・コンサルタント

1980年入社　企業年金システム経験年数25年

　A信託銀行年金資産運用システム（システム化計画〜導入、業務SE）

　B信託銀行年金管理システム（システム化計画〜導入・保守、PM）

　C信託銀行年金数理システム（システム化計画〜導入・保守、PM）

　C信託銀行年金資産運用システム（システム化計画〜導入、PM）

　D信託銀行年金管理システム（システム化計画、コンサルタント）

　E信託銀行年金管理システム（システム化計画〜導入・保守、統括PM）

　F年金管理システム（システム化計画〜導入・保守、統括PM）

G信託銀行年金管理システム（システム化計画〜外部設計、コンサルタント・PL）

　　H信託銀行年金数理システム（システム化計画〜要件定義、業務SE）

　　I信託銀行年金管理システム統合（システム化計画〜導入、PL）

山川　千秋（やまかわ　ちあき）　第5章、第7章

　現在、株式会社シーエーシー金融ビジネスユニット第3部所属　シニア・システム・エンジニア

　1991年入社　企業年金システム経験年数22年

　　A信託銀行年金資産運用システム（システム化計画〜導入、SE）

　　C信託銀行年金会計システム（システム化計画〜導入・保守、業務SE）

　　B信託銀行年金数理システム（保守、PM）

　　B信託銀行年金資産運用システム（システム化計画〜導入・保守、業務SE）

　　J信託銀行年金会計システム（システム化計画〜導入・保守、業務SE、PM）

　　H信託銀行年金管理システム（保守、PM）

　　H信託銀行年金数理システム（要件定義〜導入、業務SE、PM）

　　H信託銀行年金管理システム（保守、業務SE、PM））

（注）　SE＝システム・エンジニア、PM＝プロジェクト・マネジャー、PL＝プロジェクト・リーダー

目　　次

第1章　企業年金制度の概況

第2章　企業年金を取り巻く関係者の役割・仕事

第3章　制度設計に関するイベント

第4章 人の管理に関するイベント

第5章 年金資産の管理に関するフロー 制度設計、人の管理と関連するもの

第6章　退職給付会計

第7章　企業年金と対応システム

第 1 章

企業年金制度の概況

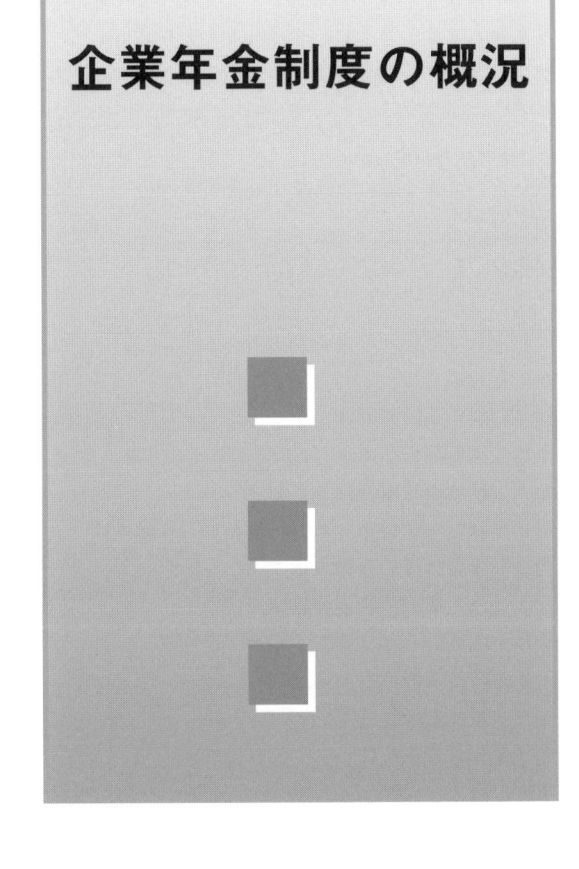

■第1章の要点

　第1章では、企業年金制度の概況を解説します。日本における年金制度について、公的年金（国民年金、厚生年金保険）、私的年金としての企業年金、それ以外の私的年金に分類して概説します。この年金制度の体系に、企業年金制度がどのように位置づけられているかを解説するとともに、企業年金の起源から今日に至るまでの改革の経緯を整理します。さらに、企業年金の制度について、それぞれの概要と関連を説明します。最後に企業年金を取り巻くトピックスを取り上げます。

第1章　企業年金制度の概況
　第1節　日本における年金制度と企業年金の位置づけ
　　・公的年金とは
　　・私的年金とは
　　・企業年金とは
　第2節　企業年金制度整備・改革の歴史
　　・企業年金の起源は
　　・各企業年金制度の創設時期は
　第3節　企業年金制度の仕組み
　　・厚生年金基金制度の仕組みは
　　・適格退職年金制度（2012年3月31日廃止）の仕組みは
　　・確定給付企業年金制度の仕組みは
　　・確定拠出年金（企業型）制度の仕組みは
　第4節　企業年金制度のトピックス
　　・代行返上から特例解散
　　・ポータビリティーとは
　　・離婚分割／第3号分割とは
　　・支給繰下げとは
　　・キャッシュバランス制度とは
　　・ポイント制とは
　　・リスク分担型企業年金制度とは
　　・簡易企業型年金（確定拠出年金）とは

第1節　日本における年金制度と企業年金の位置づけ

　日本における年金制度は、図表1−1に示すように、国が運営・管理している公的年金と、それ以外の私的年金に分類されます。

　公的年金には、国民年金、厚生年金保険、共済年金という、3種類の制度がありましたが、2015年10月で共済年金は、厚生年金保険に統合されました。

　国民年金は、全国民が加入する**基礎年金**と定義されている制度です。20歳以上60歳未満の国民は加入を義務づけられています。

　厚生年金保険は一般企業の会社員、公務員や教員等が加入します。統合前の**共済年金**は公務員や教員等が加入する制度でした。この制度は、本人の支払った保険料に比例して、年金額も増える報酬比例の仕組みになっています。

図表1−1　日本の年金制度の種類と分類

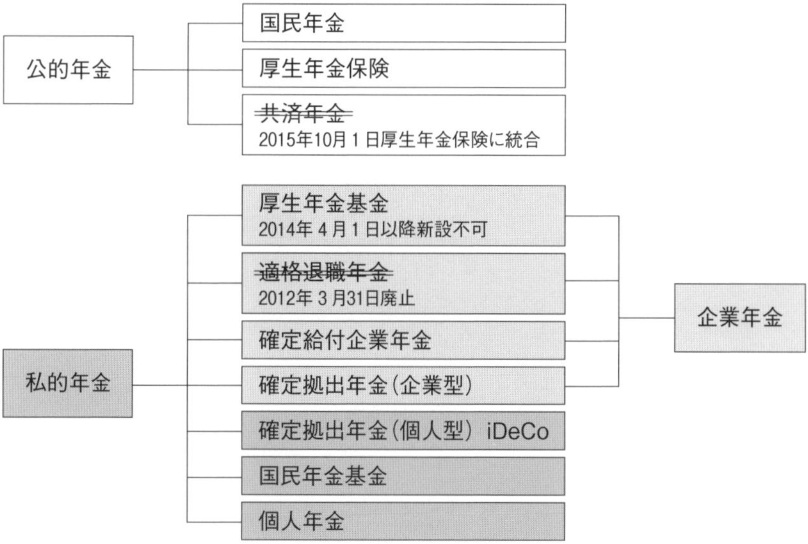

公的年金	国民年金
	厚生年金保険
	共済年金 2015年10月1日厚生年金保険に統合

私的年金	厚生年金基金 2014年4月1日以降新設不可	企業年金
	適格退職年金 2012年3月31日廃止	
	確定給付企業年金	
	確定拠出年金（企業型）	
	確定拠出年金（個人型）iDeCo	
	国民年金基金	
	個人年金	

私的年金は、企業が制度を設立しないと加入できない企業年金と、それ以外に分類されます。

　企業年金には、**厚生年金基金、確定給付企業年金、確定拠出年金（企業型）**という、3種類の制度があります。企業年金を設立している企業の会社員であれば、厚生年金保険に加えて、企業年金が上乗せされることになります。

　個人で加入する私的年金には、**確定拠出年金（個人型（iDeCo））、国民年金基金、個人年金**という、3種類の制度があります。

　確定拠出年金（個人型（iDeCo））は、当初自営業者等や、一般企業の会社員であって、企業年金制度がない会社で働く人が加入できる制度でしたが、2017年1月より基本的に20歳以上60歳未満のすべての人が、加入できることになりました。

　国民年金基金は、自営業者などの**第1号被保険者**が加入できる制度であり、厚生年金保険・企業年金に相当する上乗せ年金になります。

　個人年金は、銀行、生命保険会社、損害保険会社、郵便局（ゆうちょ銀

図表1-2　日本の年金制度の体系

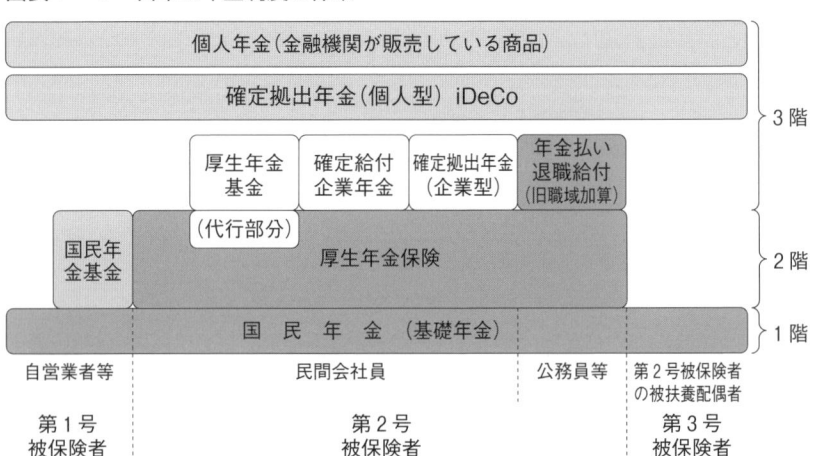

行、かんぽ生命）、証券会社、農協（JA）などの金融機関から販売されているさまざまな**年金商品**に個人の意志で加入するものです。ただし、**財形年金制度**は、個人年金に分類されていますが、特殊な面があり、企業が福利厚生の制度として取り入れていなければ加入することができない商品です。

　これらの年金制度は、図表1－2のようなかたちで説明されるのが一般的です。この図が建物の階層に似ていることから、国民年金を1階、厚生年金保険を2階、企業年金などを3階と呼んでいます。民間会社員では国民年金（基礎年金）と厚生年金保険で2階建て、さらに企業年金があれば3階建てという言い方もします。

第2節　企業年金制度整備・改革の歴史

　わが国における企業年金制度の歴史を整理すると、図表1－3のようになります。

　企業年金は、企業の退職金の積立金が起源となって始まりました。退職金の支払が高額になり、企業の支払期の負担が大きくなり、この負担を平準化するためにまず、1952年に**退職給与引当金**の制度が登場しました。この制度は、企業が退職金支払のための原資を内部留保として積み立てておくことができるというものです。しかも、制度開始当初には、100％非課税扱いで処理することが認められていました。退職給与引当金は、経理上、経費で処理されるので、企業にとって二重の効果がもたらされていたことになります。

　その後、退職給与引当金の100％非課税は見直されて、非課税限度比率が段階的に引き下げられました（1956年に50％、1980年に40％、2002年には退職給与引当金の廃止）。

　また、退職給与引当金は、自社内に積立金を保有する制度なので、倒産時などに退職金の支払が遅滞するといったリスクをはらんでいます。

図表 1 - 3　企業年金制度の歴史

年	発生事項				
	法制度等	適格退職年金 （2012年 3 月31 日廃止）	厚生年金基金	確定給付企業 年金	確定拠出年金 （企業型）
1952	法人税法改正、退職給与引当金の制度実施（自己都合のみ積立可能で、要支給額の100％）				
1956	退職給与引当金の積立限度額引下げ（要支給額50％まで）				
1962		法人税法、所得税法の一部改正により、適格退職年金制度施行			
1966			厚生年金基金制度施行		
1967			厚生年金基金連合会設立		
1972		適格退職年金の総幹事制			
1980	退職給与引当金の積立限度額引下げ（要支給額40％まで）				
1982		全国共済農業協同組合連合会（JA共済連）の受託参入			
1990			自主運用実施（基金連合会も）投資顧問会社の条件付運用参入年金指定単契約、生保第二特約開始掛金シェア・給付シェア分離		

年	発生事項				
	法制度等	適格退職年金 （2012年3月31 日廃止）	厚生年金基金	確定給付企業 年金	確定拠出年金 （企業型）
1993		特例適格退職年 金実施			
1994			ニューマネー、 オールドマネー 区分撤廃 自主運用上限を 資産全体の3分 の1へ		
1995			運用拡大部分安 全資産50％以上 の規制撤廃 設立後、8年以 上の要件を3年 に短縮 シェア変更につ いての厚生労働 大臣の認可を届 出に改正		
1996			免除保険料率の 複数化 自主運用上限を 資産全体の2分 の1へ		
1997	信託銀行の統合 レポートサービ ス提供開始	予定利率下限の 弾力化 過去勤務債務の 償却の弾力化 同一対象への投 資10％以下の規 制の撤廃 投資顧問会社の 運用参入 シェア変更の自 由化 5:3:3:2規制撤廃	予定利率の弾力 化 過去勤務債務の 償却の弾力化 非継続基準によ る財政検証の導 入 指定年金数理人 制度の導入 給付水準変更の 弾力化 支払保証制度の 改正 業務委託の範囲 の自由化 シェア変更の自 由化 5:3:3:2規制撤廃		

年	発生事項				
	法制度等	適格退職年金 （2012年3月31 日廃止）	厚生年金基金	確定給付企業 年金	確定拠出年金 （企業型）
1998	退職給与引当金 の積立限度額の 引下げ（段階的 に20％へ）		設立後3年以上 の基金は、自主 運用上限を積立 金全額まで緩和 財投協力の廃止		
1999	特別法人税の2 年間課税凍結		自主運用上限の 撤廃 現物移管の解禁 免除保険料およ び最低責任準備 金の凍結		
2000	退職給付に関す る新会計基準の 導入 特定金銭信託に 現物移管の解禁 自家運用の規制 緩和				
2001	特別法人税の課 税凍結2年間延 長 退職給付に関す る新会計基準改 定（代行返上へ の対応） 生命保険会社の 統合レポート サービス提供開 始				確定拠出年金法 施行
2002	退職給付制度間 の移行等に関す る会計処理公表 退職給与引当金 の廃止	新規設立の4月 1日以降停止	将来分の代行返 上認可	確定給付企業年 金法施行	
2003	特別法人税の課 税凍結2年間延 長		過去分の代行返 上認可、会計処 理確定		

年	発生事項				
	法制度等	適格退職年金 （2012年3月31 日廃止）	厚生年金基金	確定給付企業 年金	確定拠出年金 （企業型）
2004				軽微な事項の規 約変更手続の簡 素化	拠出限度額の引 上げ 資産移換期限の 緩和
2005	特別法人税の課 税凍結3年延長 企業年金のポー タビリティー拡 充（年金通算措 置）		免除保険料の凍 結解除 認可基準の見直 し 解散の特例措置 （3年間）		脱退一時金請求 要件の緩和
2007			離婚分割施行		
2008	特別法人税の課 税凍結3年延長		第3号分割施行		
2010					拠出限度額の引 上げ
2011	特別法人税の課 税凍結3年延長		解散の特例措置 （5年間）		
2012	AIJ詐欺事件勃 発	3月31日制度廃 止		非継続基準の見 直し	マッチング拠出 導入
2013	社会保障審議会 に企業年金部会 設置				
2014	特別法人税の課 税凍結3年延長 改正厚生年金保 険法		新規設立の4月 1日以降停止 解散時最低責任 準備金の納付期 限・納付方法の 特例設置（5年 間の時限措置） 大臣による解散 命令発動可能 他企業年金等へ の積立金移行の 特例設置	キャッシュ・バ ランスプランの 給付設計の弾力 化 簡易型DBの対 象拡大	拠出限度額の引 上げ

年	発生事項				
	法制度等	適格退職年金 （2012年3月31日廃止）	厚生年金基金	確定給付企業年金	確定拠出年金 （企業型）
2016	マイナンバー制度の導入 iDeCo（イデコ）の愛称決定			脱退一時金相当額を移換する場合の申出要件の緩和 実施事業所減少時の掛金の一括拠出額の見直し	
2017	特別法人税の課税凍結3年延長（2020年3月31日まで） 確定拠出年金（個人型）の加入対象範囲の拡大			リスク対応掛金の導入 リスク分担型企業年金の導入	
2018				特例掛金の拠出方法の見直し 脱退一時金相当額を移換できる者（中途脱退者）の拡大 ポータビリティーの拡充	拠出規制単位を月単位から年単位 簡易企業型年金の創設 ポータビリティーの拡充

　上記のような状況を背景に1950年代後半、経済界から、社外に退職資金の積立ができ、かつ積立時に非課税である制度が要望されました。そこで、1962年に新規に、適格退職年金制度が創設されました。これが、税制上の優遇を伴う初めての企業年金です。

　さらに1960年代には、公的年金のうち厚生年金保険の給付水準は、公務員等の共済年金に比べてまだ低く、給付改善のため掛金を増額する動きがありました。ただ、経済界からは、各企業が積み立てている退職金積立もあるため、厚生年金保険の負担が増えないように、なんらかの調整を図るよう要請がありました。一方、労働者側の立場からは、当然、調整されて退職金が減

ることは避けたいという動きがありました。これらのさまざまな事情から1966年に発足したのが、厚生年金基金制度です。

　1990年代に入ってバブル経済が崩壊して以降、年金基金の運用環境は急速に悪化しました。企業経営においては、厚生年金基金の代行部分の積立不足が、追加積立金発生につながり、大きな費用負担になりました。また、適格退職年金の法制度では、年金としての**受給権**保護が確立されないという問題もありました。これらの問題などを解決するため、2001年に確定拠出年金（企業型）制度、2002年に確定給付企業年金制度が新たに創設されました。

　この新しい制度創設により、適格退職年金の役割が終わり、2002年4月以降は新設停止となり、2012年3月31日で制度廃止となりました。

　その後、大きな改革はありませんでしたが、2012年に起きたAIJ投資顧問会社の詐欺事件を契機に、厚生年金基金制度の実質廃止に等しい「公的年金制度の健全性及び信頼性確保のための厚生年金保険法等の一部を改正する法律」が2014年施行されました。

第3節　企業年金制度の仕組み

第1項　厚生年金基金制度

　厚生年金基金制度の特徴は、公的年金である厚生年金保険の一部を**代行**していることにあります。さらに、基金を設立するには**独自給付**を上積みすることが定められています。この上積みがプラスアルファ部分であり、基金に加入していることで、年金額が増額されることになります（図表1－4参照）。

　基金に加入していない場合、厚生年金保険料は全額が国に納付されます。しかし、基金に加入している場合は、代行部分に相当する金額（これを**免除保険料**という）が、基金に納付され運用されています。免除保険料率は、基

図表1-4　厚生年金基金制度の仕組み

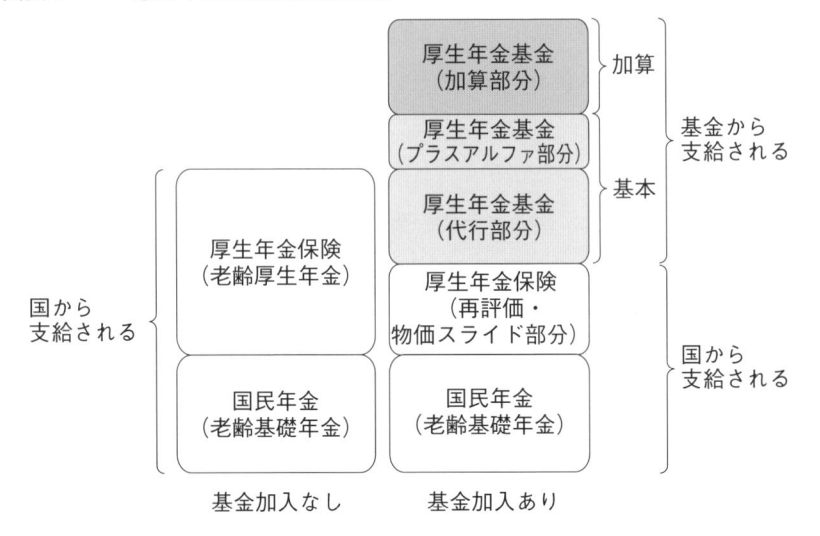

図表1-5　厚生年金基金の給付形態

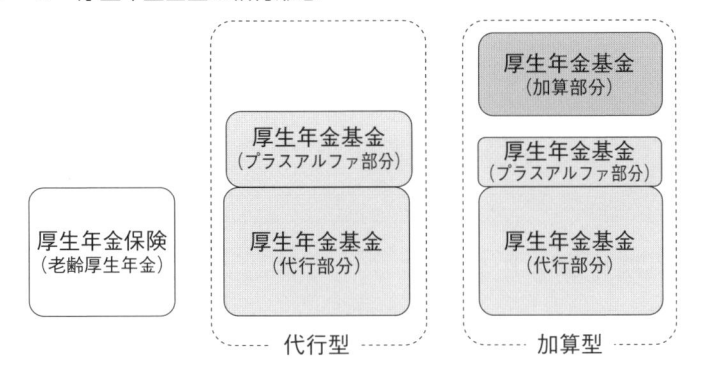

金の事情により異なりますが、**標準報酬**の2.4〜5.0%の範囲で定められています。

　基金から支給される年金の設計は、図表1-5のとおり、代行型、加算型などの給付形態があります。**代行型**は、国の厚生年金保険と同様の**給付設計**であり、支給率が高いのが特徴です（ただし1975年8月以降、新規制度設立は

不可）。**加算型**は、国の厚生年金保険と同様に給付設計された基本部分と、基金独自の給付制度を別制度として保持したものです。

基本部分の制度は、国の厚生年金保険に準じた制度であり、**終身年金、在職支給停止、標準報酬に基づく年金支給**など、同じ仕組みで成り立っています。一方、加算部分の制度は、企業の退職金制度の考え方を持ち込み、基本部分とは独立して制度設計されています。

「公的年金制度の健全性及び信頼性の確保のための厚生年金保険法等の一部を改正する法律」により、2014年4月1日以降の厚生年金基金の新規設立は認められず、実質、制度廃止の状態となっています。

第2項　適格退職年金制度（2012年3月31日制度廃止）

適格退職年金制度は、厚生年金基金と並ぶ企業年金制度で、1962年4月1日に施行されました。法人税法で定める一定の条件を満たし、国税庁長官に承認された**事業主**（企業）によって運営される制度でした。

2001年の確定給付企業年金法の施行によって、適格退職年金制度は2002年4月以降の新規設立が認められなくなり適格退職年金制度は2012年3月末に廃止されました。

廃止時に事業主の不在などにより、他の企業年金等に移行できない適格退職年金の受給者の不利益を回避するため、閉鎖型適格年金としての存続が認められています。

また、当初から税制優遇措置の要件外の制度として設立した、**非適格退職年金**は、現在でも継続して運営されています。

第3項　確定給付企業年金制度

将来の年金給付額があらかじめ決まっているという意味で、厚生年金基金制度や適格退職年金制度も確定給付型の年金です。しかし、1990年代以降、年金資産の運用利回りが低下したこともあって、積立不足が生じ、給付水準

の引下げ、基金の解散・廃止が増加しました。

　このような問題を解決するため、2001年に新たに創設されたのが、確定給付企業年金制度です。

　確定給付企業年金制度には、**規約型確定給付企業年金**と**基金型確定給付企業年金**の2種類があります（図表1－6、図表1－7参照）。両者は、基金を設立するかしないかという違いがありますが、それ以外に制度上、大きく異なる点はありません。

　基金型確定給付企業年金は、厚生年金基金との比較からいえば、国による厚生年金保険の代行がない企業年金と説明できます。

　規約型確定給付企業年金の運営方法は、廃止された適格退職年金制度と同様です。確定給付企業年金制度は、廃止された適格退職年金と異なり、年金を受け取る権利である**受給権**保護が強化されています。強化された内容は、次の3点です。

図表1－6　規約型確定給付企業年金のスキーム

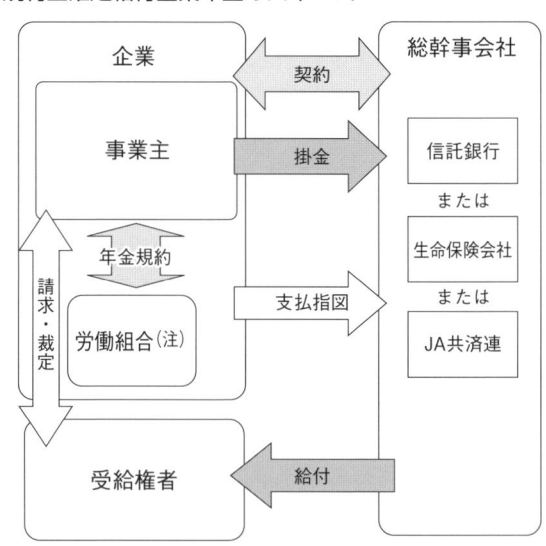

（注）　労働組合、または従業員の過半数を代表する者。

図表1−7　基金型確定給付企業年金のスキーム

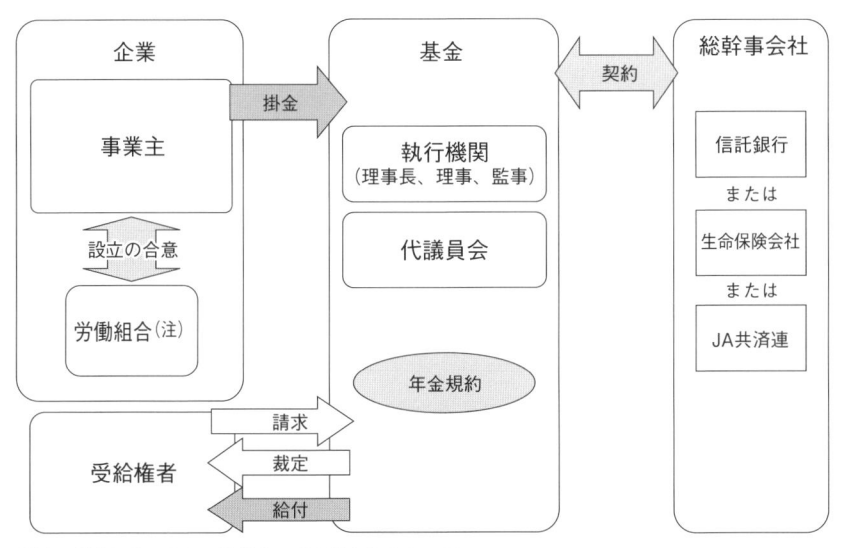

(注)　労働組合、または従業員の過半数を代表する者。

(1)　積立義務

　将来にわたって約束した給付が支給できるよう、年金資産の積立基準を厳格化しています。

(2)　受託者責任

　受託者（企業年金の管理・運営にかかわる者）の責任、行為準則を明確化しています。

(3)　情報開示

　事業主等は、年金規約の内容を従業員に周知し、財務状況等について加入者等への情報開示を行うよう義務づけています。

　税制上の措置は、拠出時は、事業主拠出の損金算入、本人拠出の生命保険

料控除が適用されます。運用時は、特別法人税が課税されます（2020年3月末まで凍結中）。給付時は、年金の場合は雑所得で公的年金等控除の対象となり、一時金の場合は退職所得で退職所得控除が適用されます。

第4項　確定拠出年金（企業型）制度

　これまで述べてきた企業年金制度が確定給付型であるのに対し、確定拠出年金制度では、拠出額と運用益によって将来の年金給付額が決まります。積み立てた年金資産は個人別口座で管理され、運用も自己責任で金融商品を選択し、運用成績に応じて将来もらえる年金額に差がつきます。アメリカの**401(k)制度**に似ていることから、**日本版401(k)**とも呼ばれています。

　確定拠出年金（企業型）制度のスキームは、図表1－8に示すとおりです。

　拠出の限度額は、図表1－9に示すように、他の企業年金加入有無と確定拠出年金（個人型）への併用有無の組合せにより、制限されています。2012年からは、加入者の拠出（マッチング拠出）が認められ、企業の拠出金と合

図表1－8　確定拠出年金（企業型）のスキーム

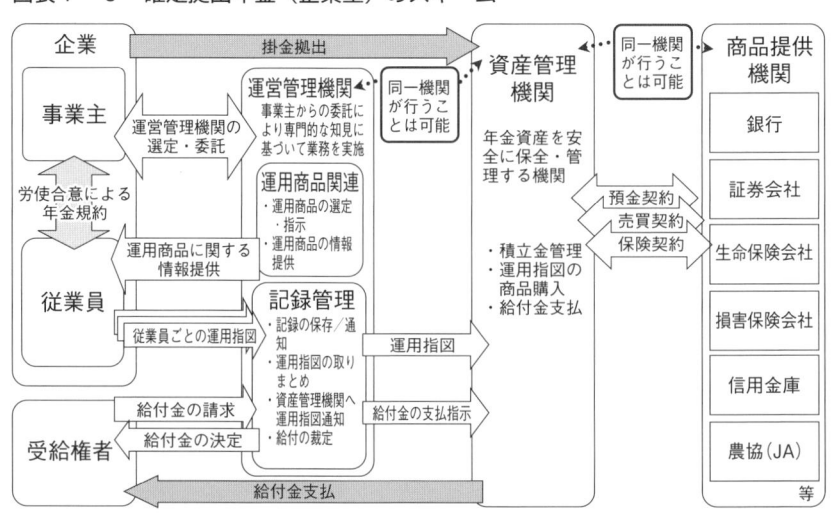

図表 1 － 9　確定拠出年金（企業型）の拠出限度額

確定拠出年金 以外の企業年金	確定拠出年金 個人型併用	拠出限度額	
		月額	年額
加入なし	なし	55,000円	660,000円
加入あり		27,500円	330,000円
加入なし	あり	35,000円	420,000円
加入あり		15,500円	186,000円

わせて、限度額まで上乗せして拠出することができるようになりました。

　税制上の優遇制度は、他の企業年金と同様に、企業の拠出金に関しては損金算入、運用時の利益に対しては非課税で特別法人税のみ課税されます（2020年3月末まで凍結中）。加入者の拠出に関しては小規模企業共済等掛金控除が適用されて、全額所得控除となります。受取り時は、年金が雑所得で公的年金等控除、一時金が退職に起因する一時金は退職所得で退職所得控除、退職に起因しない一時金は雑所得の扱いとなります。

　なお、確定拠出年金制度には、企業型だけでなく個人型もありますが、本書では企業年金を中心に扱っていますので、個人型についての説明は省略します。

第4節　企業年金制度のトピックス

　前節までに述べたとおり、2001年の企業年金二法（確定給付企業年金法、確定拠出年金法）の成立に伴って、企業年金は旧制度から新制度へ再編されました（図表1－10参照）。

　加えて、既存の年金制度も、社会情勢の変化に伴って進化を続けています（図表1－11参照）。

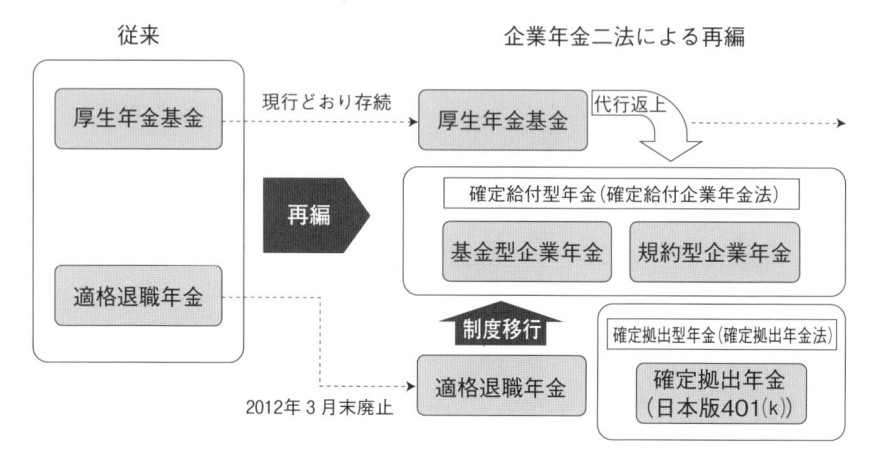

図表 1 −10　企業年金制度の変遷

創設から30年以上続いた日本の年金制度は、2001年の企業年金二法の成立に伴う再編から、2014年の厚生年金基金健全化法による再編加速で、新しい年金制度組合せへと大きく変化しています。

従来　　　　　　　　　　　　　　　企業年金二法による再編

厚生年金基金　　　現行どおり存続　　厚生年金基金　　代行返上

再編

確定給付型年金（確定給付企業年金法）

基金型企業年金　　　　規約型企業年金

制度移行

適格退職年金　　　　　　　　　　　　確定拠出型年金（確定拠出年金法）

2012年3月末廃止　　適格退職年金　　確定拠出年金
（日本版401(k)）

　厚生年金保険の掛金は、従来は毎月の給与水準に決まった率を乗じた金額が徴収されていましたが、給与体系の変化（業績連動・成果主義・年俸制）に対応することを目的として、年収を基準に掛金を徴収し、年金額を年収を基準に決定する**総報酬制**が2003年4月から導入されました。

　少子高齢化対策の一環としては、育児環境の改善を促進するために、育児休業の補償を2005年4月から強化し、育児休業中の保険料免除対象を3歳未満の子までとしました。また、育児休業終了後における特別な随時改定制度の創設、育児短縮時間勤務期間の**標準報酬月額**低下時の考慮なども実施されています。

　就業理念の変化による転職の増加に対しては、年金原資を転職先へ持ち込める**年金のポータビリティー**が2005年10月に開始され、2008年1月からさらに範囲が拡充されています。

健全化法等による再編加速

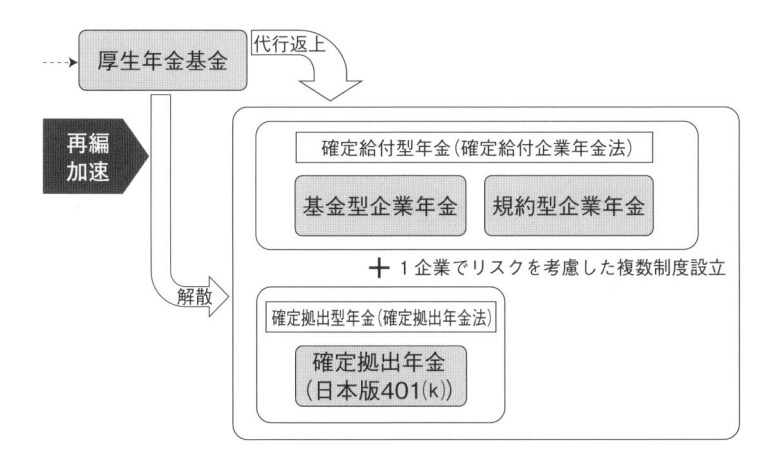

中高齢者等の離婚件数が増加するとともに、現役時代の男女の雇用格差・給与格差などを背景に、離婚後の夫婦双方の年金受給額に大きな開きがあるという問題が顕在化してきました。これに対しては、離婚時の年金分割が2007年4月から開始されました。

団塊世代の大量退職や定年延長に対応するために、年金支給の繰下げが2007年4月から施行されています。

厚生年金基金においては、2005年4月から代行部分の財政中立化が実施され、その後運用環境が長期低迷するなかAIJ投資顧問会社による年金資産詐欺事件が発生し、これを機に、代行部分の資産不足が大きな問題となりました。これにより2014年4月から厚生年金基金の新設が認められなくなり、健全な基金も将来の運用リスク等を見据えて、解散または他企業年金制度等への移行が促されることとなりました。

図表1−11 年金制度を取り巻く環境

現行制度から新制度への再編に加えて、社会情勢の変化に伴い、既存年金の制度も進化を続け、近年さらなる変化が訪れています。

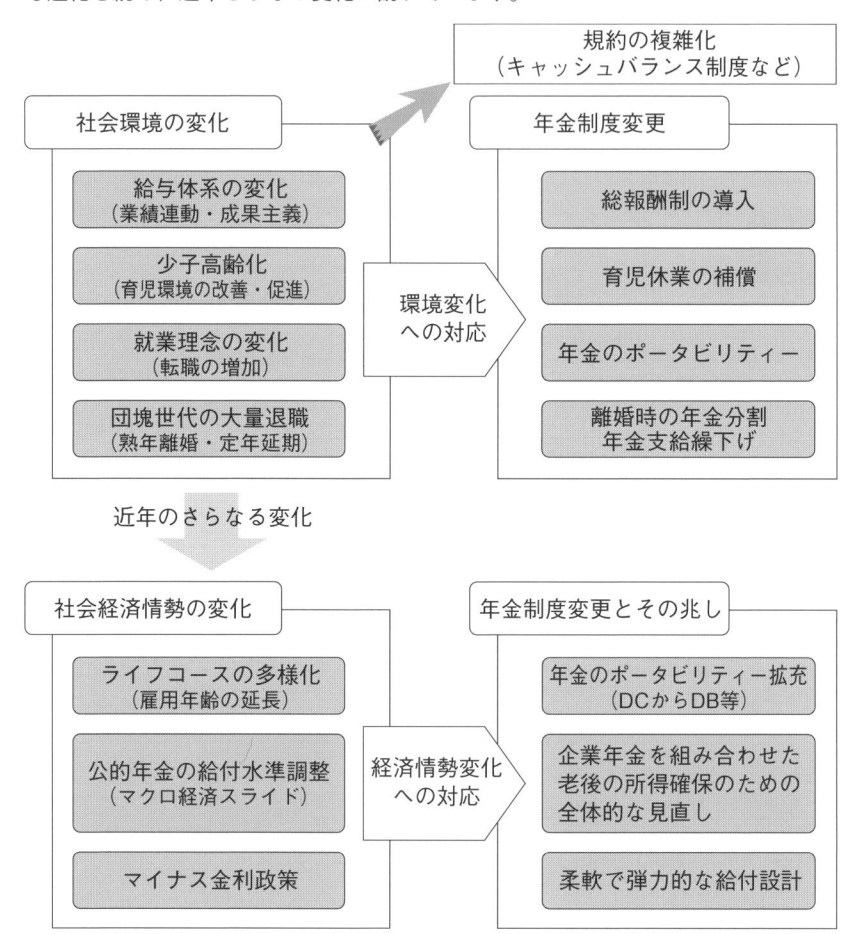

今後も時代の変化に合わせた企業年金制度の変更が発生すると考えられます。

第1項　代行返上から特例解散

　代行返上とは、厚生年金基金制度において国の厚生年金保険を代行している部分の支払義務を国に戻すことです。厚生年金基金は、この代行返上によって制度上成立しなくなるので、残りのプラスアルファ部分を確定給付企業年金に移行することになります。

　厚生年金基金設立のメリットの1つに、国の厚生年金保険を代行することによって運用資産が大きくなるという、スケールメリットがあげられます。運用成績がよければ、独自給付の費用負担が軽減されることになります。しかしながら、図表1−12の運用利回り実績でわかるとおり、2000〜2003年にかけて運用環境が悪化し、代行部分の資産に対して、企業が不足分を補填するという負担が生じてしまいました。すべては運用環境の悪化が原因です

図表1−12　厚生年金基金資産の運用利回りの推移（時価ベース）

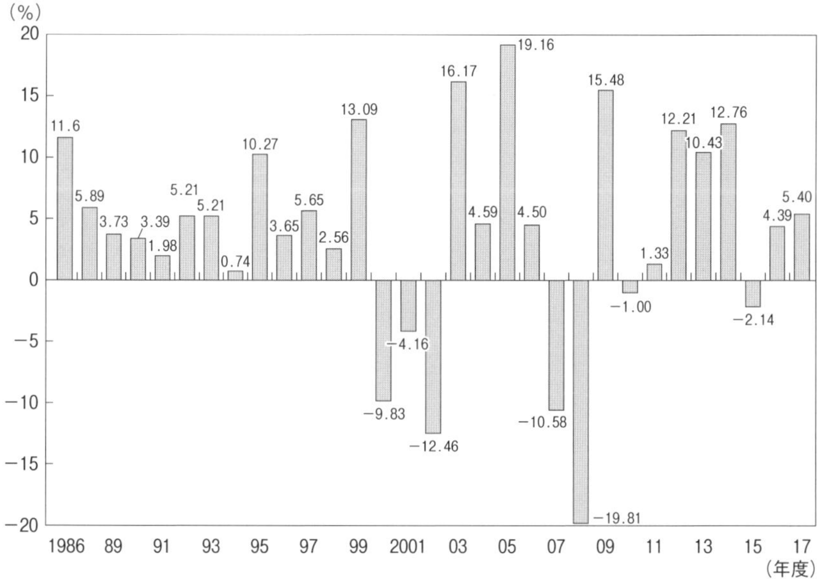

（企業年金連合会の資料に基づき作成）

が、基金が代行部分をもつメリットが、逆に費用負担が増えるデメリットになってしまったわけです。

このような状況を回避するため、企業には代行部分を国へ返上したいという要望が生まれていました。しかし、2002年4月に確定給付企業年金が創設されるまでは、厚生年金基金を解散するしか道はありませんでした。

2002年4月1日からまず将来部分の代行返上が認可され、過去分に関しては2003年9月1日から認可されています。

過去分を返上した時点で、厚生年金基金はなくなり、確定給付企業年金へ移行することになります。

この代行返上の制度が利用されたことによって、2004年度以降、厚生年金基金数は大幅に減少しています（図表1−13参照）。

2012年、AIJ投資顧問会社による詐欺事件が勃発して同投資顧問を採用していた厚生年金基金の財政状態が悪化し、代行部分に必要な積立金さえ確保できない状況が目立つようになりました。基金が解散する場合には代行部分の支給義務を厚生年金保険本体に戻すため、必要な資産を国に返還しなければなりませんが、厚生年金基金がその額を確保できず、代行部分の給付を確実に行うことが困難となるのではないかという懸念が強まりました。政府は、「厚生年金基金等の資産運用・財政運営に関する有識者会議」での議論を進め、「公的年金制度の健全性及び信頼性確保のための厚生年金保険法等の一部を改正する法律」を施行しました。

この法改正により、2014年4月以降の厚生年金基金の新設が禁止され、健全な厚生年金基金は存続が認められているものの、実質解散または他企業年金制度等へ移行することが促進されることになりました。

特に、施行日2014年4月1日から5年間の時限措置として、基金の解散時に国に納付する「最低責任準備金（代行部分に係る必要積立金）」の納付期限・納付方法の特例を設け、分割納付の際の加入企業間の連帯責任を外すことや、返済利息の固定化、納付期間の延長を行うことによって、厚生年金基

図表1-13　厚生年金基金の基金数・加入者数等の推移

年度	基金数	加入者数（千人）	資産（兆円）
2001（平成13）年度	1,737	10,871	57.0
2002（平成14）年度	1,656	10,386	51.2
2003（平成15）年度	1,357	8,351	48.6
2004（平成16）年度	838	6,152	36.8
2005（平成17）年度	687	5,310	37.3
2006（平成18）年度	658	5,221	38.8
2007（平成19）年度	626	4,782	32.5
2008（平成20）年度	617	4,663	25.5
2009（平成21）年度	608	4,562	29.0
2010（平成22）年度	595	4,472	27.7
2011（平成23）年度	577	4,366	26.6
2012（平成24）年度	560	4,203	28.6
2013（平成25）年度	531	4,050	30.7
2014（平成26）年度	444	3,607	31.7
2015（平成27）年度	256	2,539	24.2
2016（平成28）年度	110	1,401	19.1
2017（平成29）年度	36	57	16.6

データ：厚生労働省年金局調べ。
（注）　1　資産の評価方法は、時価。
　　　　2　資産残高には企業年金連合会分を含む。
（厚生労働省『年金白書』および『厚生年金基金の財政状況等』に基づき作成）

金の解散を促進することになりました（図表1-13参照）。

　ほかには、施行日2014年4月1日から5年後以降は、代行資産保全の基準を満たさない基金については、厚生労働大臣が解散命令を発動できることや、上乗せ給付の受給権保全を支援するため、厚生年金基金から他企業年金制度等への積立金の移行について特例を設けていること、があります。

第2項　ポータビリティー

転職などによって異なる年金制度に移っても、加入期間や年金原資が通算される仕組みを、年金のポータビリティー（通算制度）と呼びます。

以前は、企業年金の**年金受給資格**を得る前に転職した場合に、ポータビリティーを確保するには、厚生年金基金から企業年金連合会へ**脱退一時金**相当額を移換する方法しかありませんでした。

しかし、新しい年金制度の誕生と転職の増加に対応するため、各企業年金制度から年金原資を移換する制度が2005年10月から始まりました。この年金のポータビリティーによって、再就職先に企業年金制度がある場合には、脱退一時金相当額を将来年金として受け取れる権利として移換することが可能

図表1－14　企業年金のポータビリティー（移換可能先）

凡例　○：移換可能　×：移換不可

		移　換　先			
		厚生年金基金	確定給付企業年金	確定拠出年金 （企業型）	企業年金連合会
移 換 元	厚生年金基金	○	○	○	○
	確定給付企業年金	○	○	○	○
	確定拠出年金 （企業型）	×	○ 2018年5月 改正	○	×
	企業年金連合会	○	○	○	－

(注)　1　廃止された適格退職年金はポータビリティーの対象外。
　　　2　移換可能な場合でも、移換元先の規約に定めがあることが必要。
　　　3　再就職先に企業年金制度がないケース、再就職しないケースで、確定拠出企業年金（個人型）に加入したときに、国民年金基金連合会に移換される場合あり。
　　　4　確定給付企業年金では、2018年5月改正で対象範囲が拡大し、喪失時点で老齢給付（年金）が受給できなければ対象。

になりました。さらに2018年5月より制度間のポータビリティー拡充とポータビリティー移換対象者の拡大（中途脱退定義変更）で、老後の所得確保に向けた自助努力を行う環境を整備する法改正が実施されました。各企業年金制度間でどのようにポータビリティーが確保されているかは、図表1－14に示すとおりです。

第3項　離婚分割／第3号分割

　離婚分割および**第3号分割**は、夫婦が離婚した場合に、妻の年金給付額が夫より少なくなることが多いという問題に対応するために考えられた制度です。特に、妻が専業主婦などであり、**第3号被保険者**（**第2号被保険者**＝会社員・公務員等の被扶養者）になっていた場合には、離婚すると妻の老後の年金支給額が著しく低くなるという問題がありました（被保険者の第1号、第

図表1－15　厚生年金基金における離婚分割／第3号分割の概要

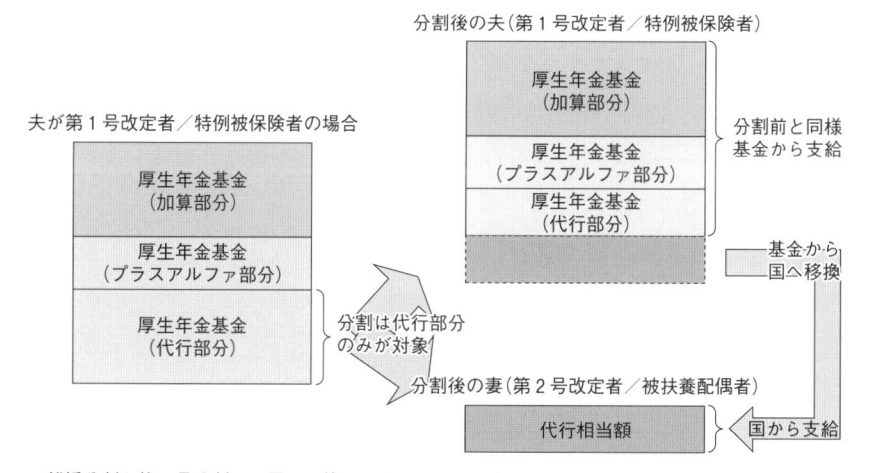

※離婚分割と第3号分割では用語の使用が異なるので注意。

	離婚分割	第3号分割
分割を行う者	第1号改定者	特例被保険者
分割を受ける者	第2号改定者	被扶養配偶者

図表1−16　離婚分割と第3号分割の対象期間

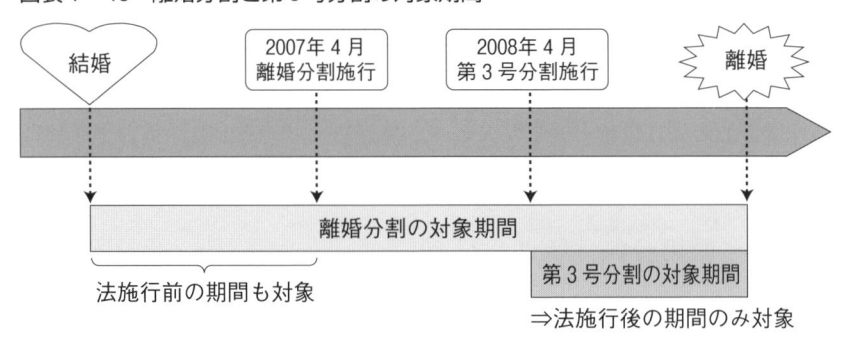

2号、第3号の区分については4頁図表1−2参照)。

　そこで、公的年金である厚生年金保険に係る法改正に基づいて制度が改定され、厚生年金保険の離婚分割／第3号分割の制度が設けられました。この制度改定が、代行部分の支払義務がある厚生年金基金制度にも影響を及ぼしています（図表1−15参照）。

　離婚分割は2007年4月施行。2007年4月以降に成立した離婚が対象となり、婚姻期間（結婚していた期間）すべてが分割対象期間になります。この対象期間における保険料納付記録について、上限を2分の1までとして分割できますが、当事者間での合意が必要で、合意できない場合は裁判所の決定に従うことになります。

　第3号分割は2008年4月施行。2008年4月以降に成立した離婚が対象となり、2008年4月以降の第3号被保険者期間が分割対象になります。この対象期間における第2号被保険者の標準報酬合計額の2分の1が分割されます。

　なお、2008年4月以降成立した離婚の場合は、図表1−16のように、2008年3月以前の結婚期間は、第3号分割ではなく、離婚分割対象の期間とされます。

第4項　支給繰下げ

　支給繰下げの厚生年金保険に係る制度は、代行部分の支給義務がある厚生年金基金制度にも適用されます。

　ここでは、1941年4月2日以降に生まれた方が対象となる支給繰下げについて概説します。

　国の**老齢厚生年金**の受給権を取得した日から1年を経過した日より前に老齢厚生年金を請求していなかった人は、支給繰下げの申出をすることができます。この申出によって年金の受取開始を遅らすと、利息分として月0.7%が年金額に加算されます。

　厚生年金基金制度においては、基本部分の代行部分とプラスアルファ部分が、**繰下げ**増額分の対象となります。65歳以降、任意の期間の支給繰下げが可能であり、繰下げ開始時点（65歳時点）から、繰下げが終了するまでの期間に応じた額が、当初計算された額に加算されます（図表1－17参照）。

　ただし、プラスアルファ部分を繰下げ対象とするかどうかは、基金ごとの規約で定めることができます。

図表1－17　厚生年金基金の支給繰下げの概念

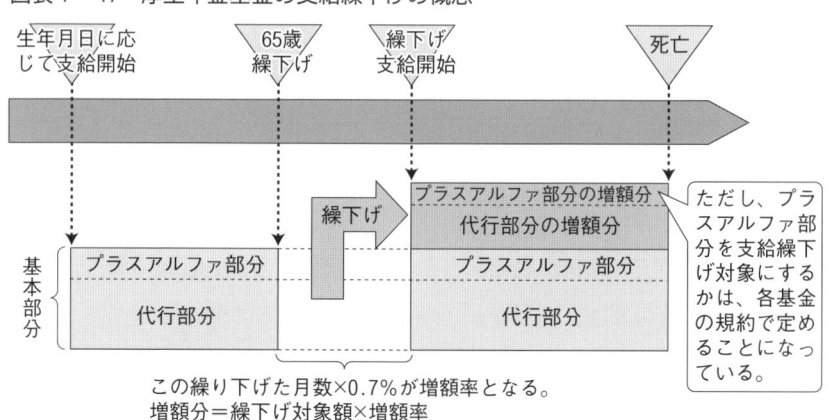

65歳以降で収入があり、**在職老齢年金制度**が適用される場合は、在職老齢年金制度で支給停止される額を除いた額が、繰下げ対象額となります。

一方、確定給付企業年金においては、規約で定めがある場合、老齢給付金または脱退一時金の支給繰下げを申し出ることができることになっています。増額する利息は、規約で定める率が適用されます。

第5項　キャッシュバランス制度

キャッシュバランス制度は、2002年4月に確定給付企業年金、厚生年金基金の加算部分の制度として認可されたものです。この制度は「**ハイブリッド型年金制度**」の一種で、確定給付制度と確定拠出制度の中間的な特徴をもっています。

確定給付制度は、あらかじめ決められた**制度設計**に従って、年金給付額が定まっている制度です。資産運用成績が悪くても給付額は変わりませんし、積立金不足の場合は、企業が負担することになります。

一方、確定拠出制度は、あらかじめ決められた拠出金を個人ごとに積み立て、個人の意志で運用した結果によって、年金額が増減する制度です。年金額が減った場合も個人が責任を負います。

キャッシュバランス制度では、あらかじめ決められた制度設計に従って、個人ごとに**仮想口座**をもち、ここに拠出金と利息が積み立てられます。加入者は、退職時の仮想口座残高をもとに算出された額の年金を受け取ることになります（図表1−18参照）。

キャッシュバランス制度の利息計算時に用いる利率は、「客観的な指標」に基づくこととされており、長期国債利回り、消費者物価指数などが基準となります。指標を長期国債利回りに基づいて決定する場合、第6章で記述する退職給付債務の額が、割引率が変動しても、増減額が抑制されます。

2014年法改正により、給付設計の弾力化がさらに進み、積立金の運用利回りの実績も利息計算時利率に用いることが可能となり、加入中の資産運用成

図表1−18　キャッシュバランスの概念

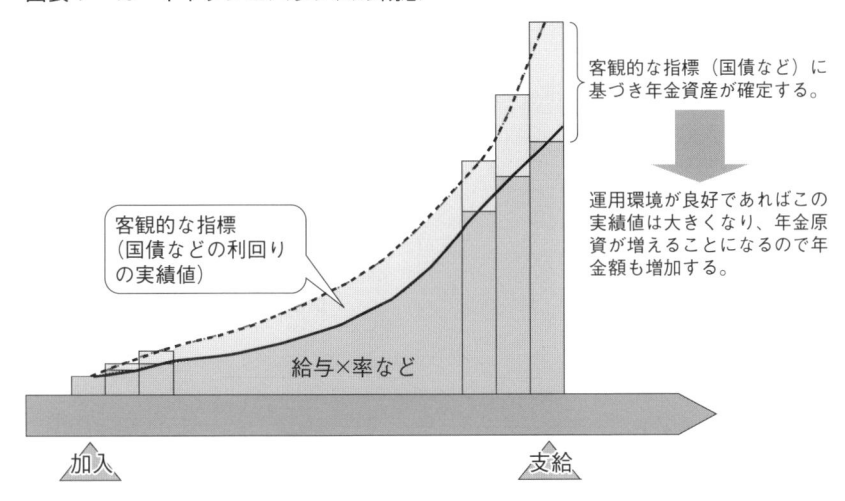

客観的な指標（国債など）に
基づき年金資産が確定する。

運用環境が良好であればこの
実績値は大きくなり、年金原
資が増えることになるので年
金額も増加する。

客観的な指標
（国債などの利回り
の実績値）

給与×率など

加入　　　　　　　　　　　支給

績は、通算でゼロ以上であればよいとされました（単年度マイナスを許容）。この指標を採用する場合、仮想口座に積み立てられる利息は実際の運用収益に近い額となるため、年金資産運用結果が悪かったときでも、積立不足の発生を抑えることができます。

第6項　ポイント制

　企業年金制度の変更とともに、年金給付額の計算に**ポイント制**を導入する動きが広がっています。

　ポイント制の考え方は1980年代からありましたが、近年、退職金・企業年金のコスト増加、報酬の業績連動主義・成果主義、転職の増加などを背景に、ポイント制を取り入れる企業が増えています。

　ポイント制には、次のようなメリットがあります。

① 　給与・勤続年数の増加に伴うコスト増加を抑制できる。

② 　会社業績への貢献度が反映できる。

③ 　転職入社者でも不利な扱いにならない。

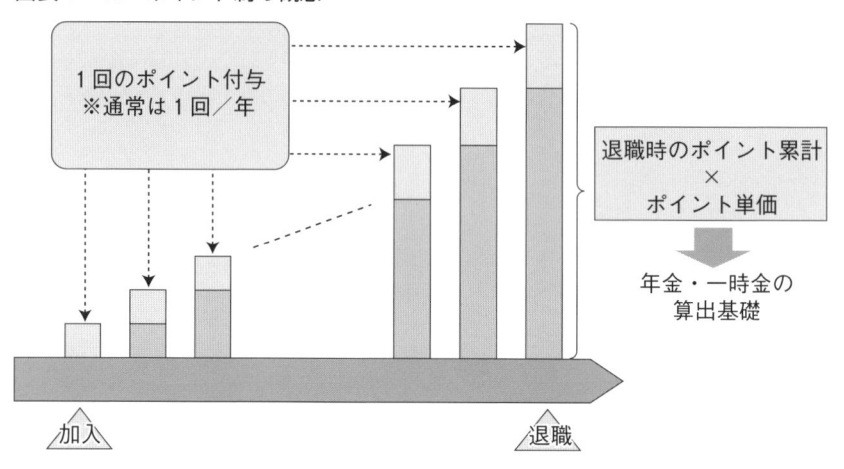
図表1−19　ポイント制の概念

1回のポイント付与
※通常は1回／年

退職時のポイント累計
×
ポイント単価

年金・一時金の
算出基礎

加入　　　　　　　　退職

④　ポイント累計が簡単に確認できる。

　勤続年数、職能・職責等級・役職などの要素をポイントにして、1年（この期間は制度で設定できる）に1回ポイントを付与し、この累計に**ポイント単価**を乗じた金額が退職時の年金額・一時金の算出の基礎になります（図表1−19参照）。

　勤続年数をもとにするポイントを**勤続ポイント**と呼び、昇格・昇進の遅い加入者に対する一定水準の給付保証のために設定します。この勤続ポイントの比率が大きければ、年功序列的な年金制度となります。

　職能・職責等級・役職をもとにするポイントを**職能ポイント**と呼び、このポイントの比率が大きければ、成果主義の色合いが強い年金制度となります。ただし、年金制度は**数理計算**によって将来的な予測ができなければならないので、職能ポイントがどのように累積されていくか、適正な計算が可能であることと就業規則等に明記するよう定められています。

第7項　リスク分担型企業年金制度

　通常の確定給付企業年金制度では、積立不足が生じた場合は事業主が追加

の掛金を拠出しなければなりません。一般的に、好況期には年金資産の運用環境もよく企業収益も好調ですが、そのようなときには掛金の追加拠出が必要となる積立不足発生の可能性はあまり高くありません。一方、経済環境が悪い不況期では年金資産の運用環境があまりよくない状態となり、積立不足発生の可能性も高まります。しかし、そのようなときは業績が悪化して、企業は積立不足を解消するための掛金拠出の余力が限られることが多いと思われます。好況期に不況に陥ったときに必要となる掛金を事前に拠出し、好不況にかかわらず同一水準の掛金拠出を行うことが確定給付の企業年金制度の安定的な運営に資すると思われます（図表1−20参照）。

このような安定的な財政運営を可能とするために、2017年1月に「20年に一度発生するようなリスクに予め対応する」ことを目的として、第3章で説明する「リスク対応掛金」が導入されました（図表1−21参照）。

「リスク分担型企業年金制度」はリスク対応掛金の財政安定化効果を活用した新たな確定給付企業年金制度の運営の仕組みとして、2017年1月に導入されました。

これは、事業主と従業員の間で労使合意を締結し、将来発生するリスクについて「事業主がリスク対応掛金の拠出で対応する部分」と「従業員等が給

図表1−20　確定給付企業年金制度の掛金拠出水準のイメージ

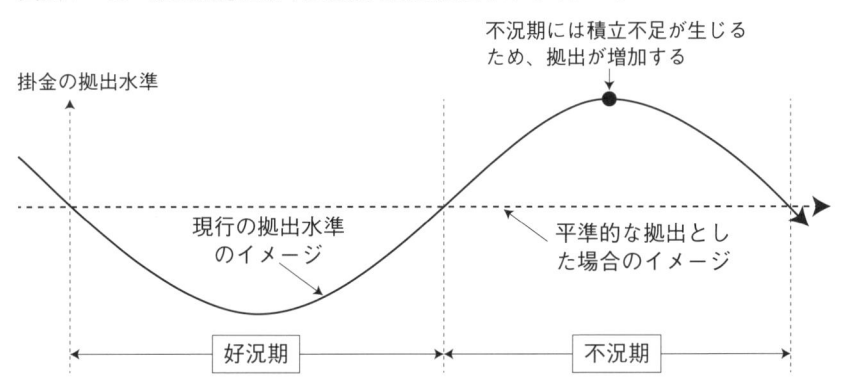

図表1-21　リスク対応掛金のイメージ

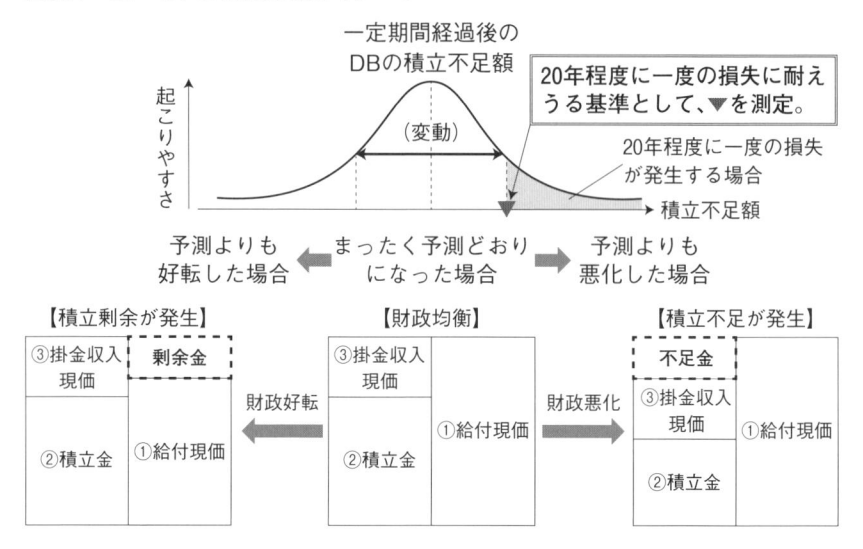

図表1-22　リスク分担型企業年金制度のイメージ

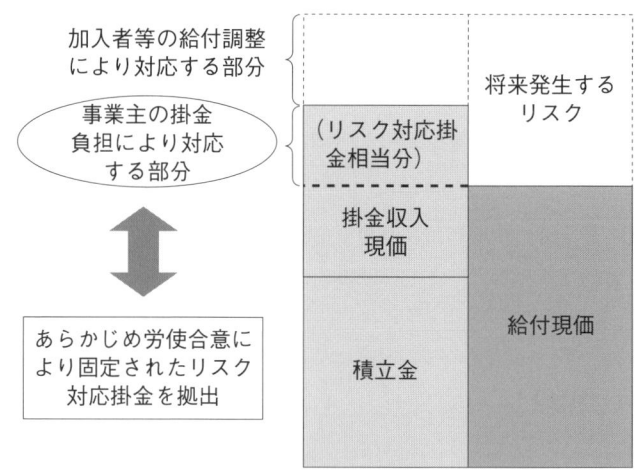

(注)　「掛金収入現価」や「給付現価」「積立金」の意味については第3章を参照してください。

図表1－23　リスク分担型企業年金制度の財政状態と給付調整のイメージ

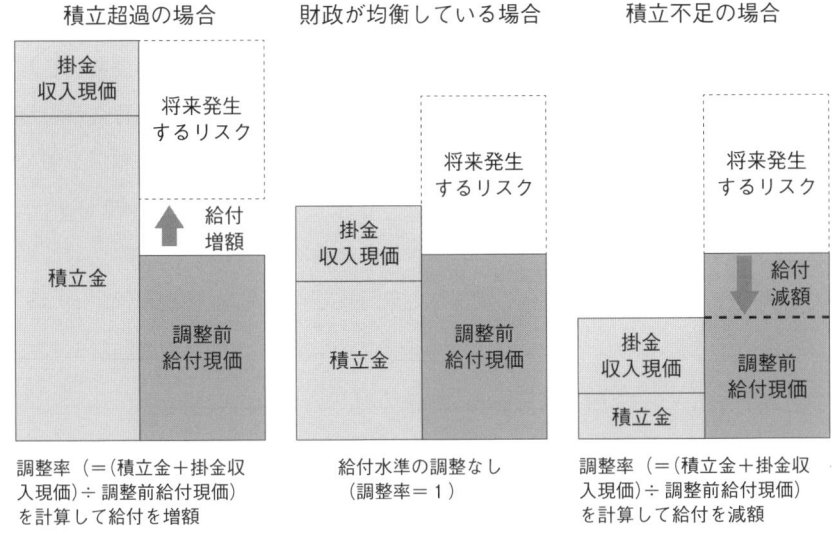

調整率（＝（積立金＋掛金収入現価）÷調整前給付現価）を計算して給付を増額

給付水準の調整なし（調整率＝1）

調整率（＝（積立金＋掛金収入現価）÷調整前給付現価）を計算して給付を減額

（注）　掛金収入現価：標準掛金収入現価・特別掛金収入現価・リスク対応掛金収入現価の合計

　　　　調整前給付現価：積立水準による給付増減前の状態の給付現価

付額の調整というかたちでリスクを負担する部分」をあらかじめ決めておくというものです（図表1－22参照）。

　リスク分担型企業年金制度においては、将来の掛金を固定し、リスク対応掛金の範囲を超えるような財政悪化が発生した場合には給付を減額し、積立水準が想定以上に改善した場合には給付を増額して年金財政の収支バランスをとるというものです（図表1－23参照）。

　リスク分担型企業年金制度においては、新たに労使合意を締結し直して掛金を変更しない限り、将来も掛金水準が固定されることになります。このため、退職給付会計では「確定拠出制度」として処理されることとなり、毎年の掛金を費用として計上する必要はありますが、通常の確定給付企業年金制度のように、企業会計上の負債を計上する必要はありません（退職給付会計に関しては第6章を参照してください）。

第8項　簡易企業型年金（確定拠出年金）

　2018年5月に、一定の要件を満たす事業主に、設立手続などが簡素化された確定拠出年金の簡易企業型年金の創設が認められました。簡素化される事務は、導入時の必要な書類の大幅削減、規約変更時の承認事項を届出事項に変更、業務報告書の必須報告事項の絞込み、などです（図表1−24参照）。

　「設立条件を一定程度パッケージ化された制度とすることで、設立時に必要な書類などを削減して設立手続きを緩和するとともに、制度運営についても負担の少ないものにするなど、中小企業向けにシンプルな**制度設計**とした企業型年金」（厚生労働省）となっています。

図表1−24　確定拠出年金　簡易企業型年金の創設

	確定拠出年金（企業型）	簡易企業型年金
事業主の条件	厚生年金適用事業所の事業主	厚生年金適用事業所の事業主であって、使用する国民年金第2号被保険者（除く公務員）が100人以下
加入者の範囲	国民年金第2号被保険者（除く公務員） （一定の資格を定めることは<u>可</u>）	国民年金第2号被保険者（除く公務員） （一定の資格を定めることは<u>不可</u>）
事業主掛金の算定方法	定額、定率、定額＋定率	定額
加入者掛金の額	2つ以上の額から選択	選択肢は1つでも可
商品提供数	3本以上35本以下 （ただし、施行日時点で35本超の場合は、施行後5年は施行日時点の商品数が上限）	2本以上35本以下

（厚生労働省資料より作成）

第 **2** 章

企業年金を取り巻く
関係者の役割・仕事

■第2章の要点

　第2章では、企業年金を取り巻く関係者の役割・仕事について解説します。第1章で説明した企業年金制度について理解を深めるために、企業年金制度を取り巻く関係者と、関係者をつなぐ情報について整理します。

　第1節で提示している全体鳥瞰の3つの観点、すなわち「年金制度の設計・運用」「人の管理」「年金資産の管理」については、それぞれ後に続く、第3章、第4章、第5章で詳述します。第2節以降では、企業年金制度を取り巻く関係者個々について、さらに詳細な解説をします。

本章では、実際に企業年金がどのように運営され、どのような人・物・金・情報が関係しているかについて説明します。

　第1章で述べたように、2001年の年金制度改革によって、企業年金にも新たに確定拠出型の制度——確定拠出年金（企業型）——が創設されました。確定拠出年金（企業型）にかかわる人・物・金・情報の関係は、図表1－8（16頁）に示したとおり、比較的容易に全体像をつかむことができます。

　ところが、確定給付型の企業年金——厚生年金基金、確定給付企業年金——の場合は、歴史も古く、制度の改革・新設を重ねながら整備されてきたこともあって、諸関係が複雑にからみ合っており、理解がむずかしい面もあります。

　したがって、本章以降では、確定給付型企業年金を中心に扱っていくことにします。

第1節　企業年金の全体鳥瞰

　企業年金を取り巻く人・物の役割と金・情報の流れを、1枚の鳥瞰図で示せれば理解しやすいでしょう。しかし、実際には関係が複雑すぎるため、1枚で図式化するのは容易ではなく、かえってわかりにくくなってしまいます。

　そこで、ここでは「年金制度の設計・運用」「人の管理」「年金資産の管理」という3つの観点から説明します。

第1項　年金制度の設計・運用

　年金制度の設計・運用に関する鳥瞰図は、図表2－1のようになります。
　関係する組織・人の役割や制度設計の流れは、下記のとおりです。
① 　企業年金設立・制度変更の認可をするのが、厚生労働大臣の役割です。

図表2-1　企業年金の全体鳥瞰（年金制度の設計・運用）

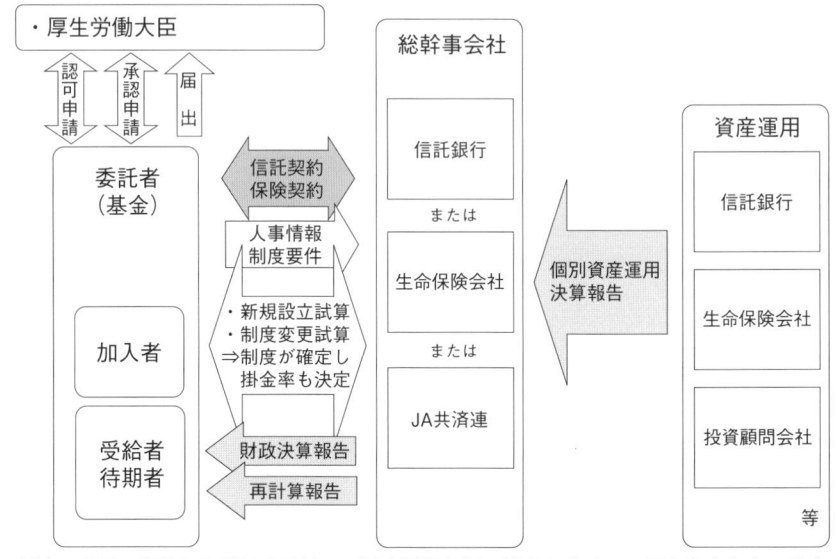

（注）　上図に記載した関係者以外に、厚生労働大臣の指定を受けて、厚生年金基金、確定
　　　　給付企業年金の業務（年金数理業務を含む）の一部を受託できる「指定法人」があ
　　　　ります。

② 　その企業の人員構成・制度要件などに応じて年金制度設計をするのが、
　　総幹事会社です。**総幹事会社**は、信託銀行、生命保険会社、またはJA共
　　済連（全国共済農業協同組合連合会）が担当します。総幹事会社に所属する
　　年金数理人（アクチュアリー）が制度設計作業を行います。

③ 　設計した制度を検証するために試算を何度か繰り返し実行します。その
　　結果、制度要件に基づき年金や一時金を支給する条件・金額が決まり、こ
　　の金額を支払うために必要な掛金が決まります。

④ 　制度要件確定後は、これに従って企業年金が運用され、年1回総幹事会
　　社が各資産運用会社から運用成績を取りまとめて、財政決算報告を**委託者**
　　へ提出・説明します。

⑤ 　財政決算では、給付に必要な原資と決算時点での積立金と運用益が、制

度設計した基準の範囲内か検証します。再計算（掛金率の洗替え）は、通常5年ごとに実施されますが、毎年の財政決算で基準を超えた場合には、再計算の対象になります。

第2項　人の管理

人の管理に関する鳥瞰図は、図表2－2のようになります。

企業年金においては、会社に入社して退職するまでが**加入期間**、年金の受取り開始から終了するまでが**受給期間**、加入期間と受給期間の間が**待期期間**になります。

① 加入期間において管理すべき異動は主に、入社、休職、給与変更、退職です。これらの異動情報が委託者から総幹事会社へ届けられ、**副本として**管理されています。総幹事会社は委託者および加入者に対して、掛金計算サービスを提供したり、年金額や一時金額の照会サービスなどを提供した

図表2－2　企業年金の全体鳥瞰（人の管理）

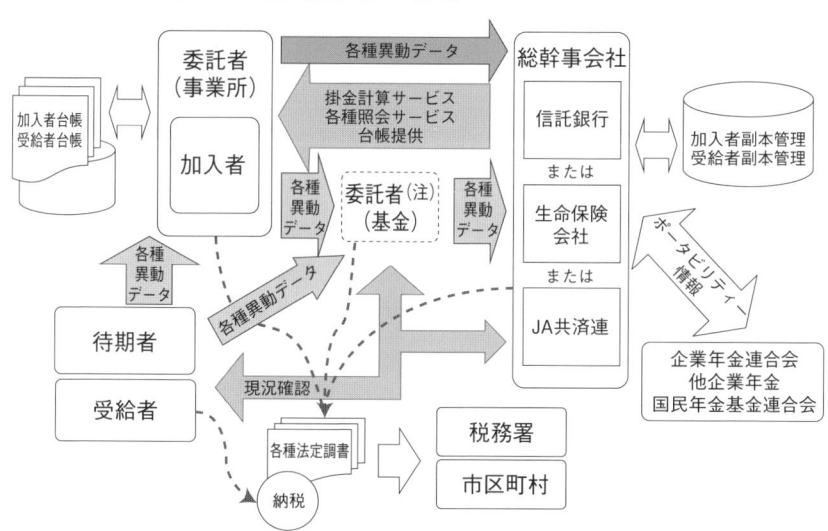

（注）　厚生年金基金、確定給付企業年金の基金型の場合、設立される。

りします。

② 加入者が退職・再就職した場合には、退職者に給付金を支払わずに年金のポータビリティーを確保するため、年金原資の移換を行うことがあります。年金のポータビリティーを行う場合、年金原資を再就職先の企業年金へ移換します。再就職先に企業年金がないときは、企業年金連合会へ移換します。再就職先に企業年金がなく、確定拠出年金の個人型に加入した場合は、国民年金基金連合会へ移換します。移換後は年金資産が各制度で管理され、将来その制度から年金が支給されます。逆に再加入して元の制度に戻ることもあり、その場合には再び委託者の加入者として管理されます。

③ 退職時点から待期期間が始まり、年金の裁定請求または一時金の裁定請求の届出によって、待期期間が終了します。

④ 受給期間において管理すべき異動は主に、受給者の属性変更、年金額改定、支給停止・解除、失権です。これらの異動が委託者から総幹事会社へ届けられ、副本として管理されています。総幹事会社では受給者に対して、年金受取りのお知らせの提供や、現況確認などを実施しています。

第3項 年金資産の管理

年金資産の管理に関する鳥瞰図は、図表2－3のようになります。

① まず掛金が委託者から総幹事会社へ拠出されます。総幹事会社は、委託者が決めた**掛金シェア**に応じて、掛金を各**資産運用会社**へ分配します。配分された資金は、運用戦略に従って各種商品に投資されます。

② 年金・一時金の支払時には逆に、総幹事会社は委託者が決めた**給付シェア**に応じて、各資産運用会社から資金を集金し、各年金・一時金受給者の指定した受取口座等へ振り込みます。

③ ポータビリティーの確保については、退職の場合、相手先企業年金、企業年金連合会、国民年金連合会へ脱退一時金相当額を移換します。再就職

図表2-3　企業年金の全体鳥瞰（年金資産の管理）

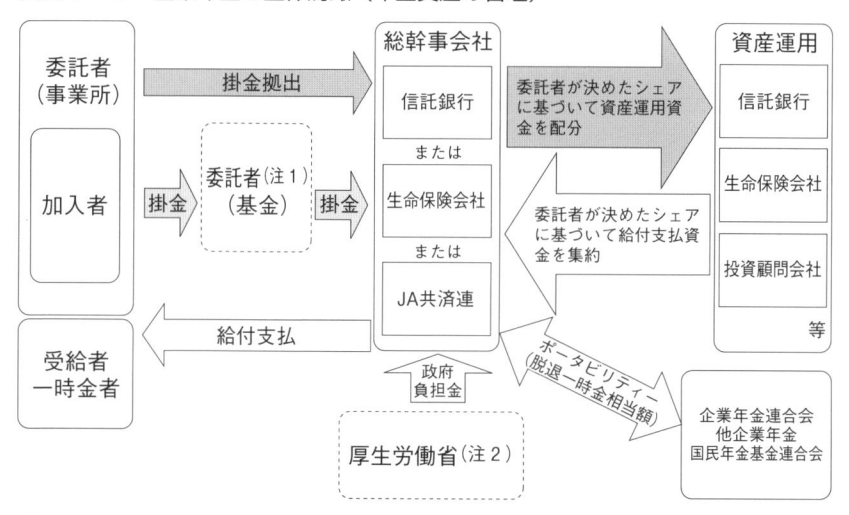

(注)1　厚生年金基金、確定給付企業年金の基金型の場合、設立される。
　　2　厚生年金基金の場合のみ、政府負担金の支給がある。

の場合には逆に受換されます。

④　政府負担金は、厚生年金基金制度の場合に発生し、年金特別会計厚生年金勘定から厚生労働省によって支払手続が行われます。

第2節　委　託　者

　信託銀行・生命保険会社・JA共済連に、信託契約・保険契約・共済契約に基づいて、加入者管理、受給者管理、資産運用管理などの業務を任せているものを**委託者**といいます。

　下記のとおり、委託者には、年金制度ごとに違いがあります（図表2-4参照）。

図表2−4　企業年金制度における委託者

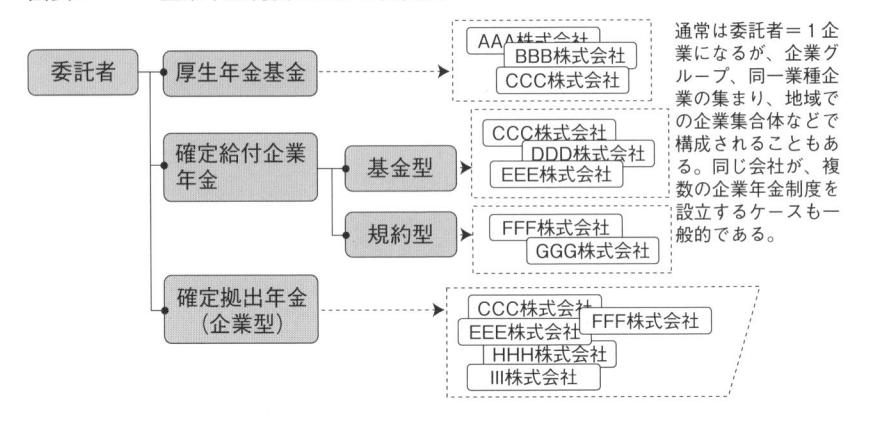

第1項　厚生年金基金における委託者

　厚生年金基金の委託者は、「基金」と呼ばれ、企業から独立した特殊法人を設立して、「○○○厚生年金基金」という名称がついています。

　基金には、単独型、連合型、総合型の3形態があります。**単独型**は1つの企業だけで構成。**連合型**は相互間に有機的連携性がある企業で構成。**総合型**は、設立母体として、企業に対して強力な指導統制力を有する組織母体または健康保険組合に属する企業集団で構成します。

第2項　確定給付企業年金における委託者

　確定給付企業年金の委託者は、「**DB**」と呼ばれています（DBはDefined Benefit Plan：確定給付型の略）。

　第1章第3節第3項で述べたとおり、確定給付企業年金制度には「**基金型確定給付企業年金**」と「**規約型確定給付企業年金**」があります。それぞれの委託者および関係者・関係機関を図示すると、図表2−5のようになります。

図表2−5　確定給付企業年金の委託者

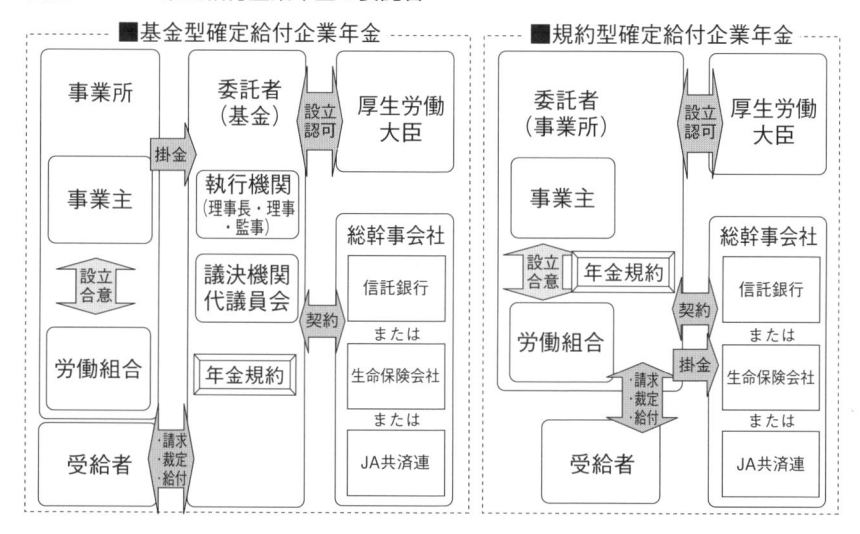

第3節　受　託　者

　委託者から加入者管理、受給者管理、資産運用管理などの業務を任される
のが、**受託者**です。信託銀行・生命保険会社・JA共済連が、委託者と年金
信託契約・年金保険契約・年金共済契約を締結して、受託者となります。

　企業年金の制度上、管理・運用を原則として外部機関へ委託するルールと
なっているので、ここに信託銀行・生命保険会社・JA共済連の役割が生ま
れてくるわけです。

第1項　信託銀行、生命保険会社、JA共済連

　信託銀行は委託者と「**年金信託契約**」を結んで受託者となります。この契
約が、生命保険会社の場合は「年金保険契約」となり、JA共済連の場合は
「年金共済契約」となりますが、受託にかかわる関係者・関係機関、受託す

図表2-6　年金信託契約の関係者

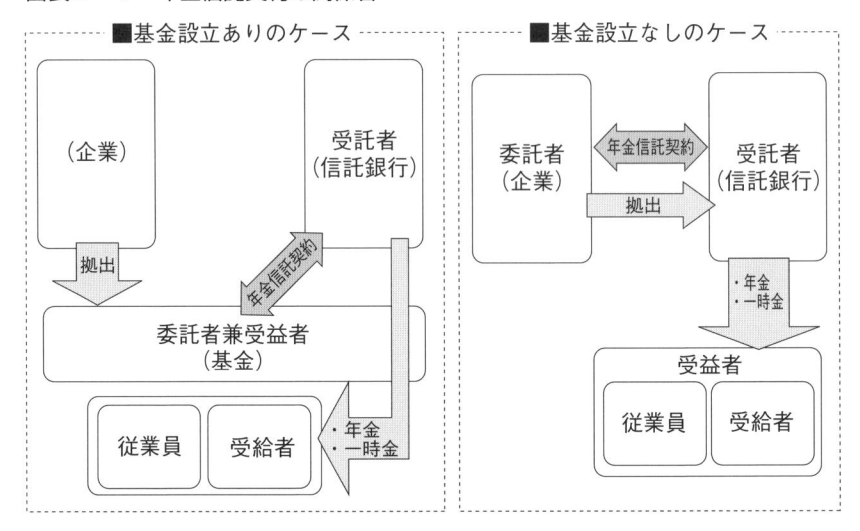

る業務内容などは基本的に同じです。

　たとえば、信託銀行が年金信託契約に基づいて受託者となる場合の諸関係は図表2-6のようになります。基金を設立しているときと基金を設立していないときとでは、委託者・受益者になる関係者が異なります。

　受託者は、下記のような業務を引き受けます。

(1)　制度設計・検証
・年金財政計算ならびに決算
・**制度設計**などに関するコンサルティング

(2)　人の管理
・副本管理（加入者記録管理、受給者記録管理）
・年金受給者への給付金送金ならびに**源泉徴収事務**

(3)　お金の管理

・年金資産の管理運用

　各業務の詳細については、次章（第3章）以降で説明します。

第2項　マスタートラスト

　マスタートラストは、信託銀行や生命保険会社に分散して委託されている年金資産を一元管理する仕組みです。発祥はアメリカで、資産運用の高度化と効率化を実施するため普及しました。年金資産を一元的に管理する銀行が、有価証券の保管・決済、資金決済を行い、各運用機関の運用パフォーマンス報告・会計報告のサービスを統一的に提供しています。

　日本でも、このアメリカ版を参考にして、運用効率の向上、事務コストおよびIT（情報技術）コストの削減を目的として、マスタートラスト銀行が誕生しました。

　そもそも日本の企業年金は、信託・生保の共同受託による総幹事制度のもとで、1社が委託者の窓口となって年金資金の配分・収集等を担当するので、委託者にとっては一元化が図られていました。しかし、複数の共同受託機関では、個別に年金資産運用と年金資産管理を行っているという非効率な点がありました。これを効率化するため、1999年3月に厚生省（当時）が「**日本版マスタートラスト案**」を公表しました。これを受け、2000年から2001年にかけて、図表2－7に示すマスタートラスト事業会社3社が誕生しました。

　しかしながら、あくまでも現状の共同受託かつ総幹事制度のなかに組み込む方式になったので、マスタートラスト事業会社との契約は、図表2－8に示すように、「**再信託方式**」または「**共同受託方式**」になっています。

　「再信託方式」は、各運用機関の資産管理機能を、再信託契約によって、マスタートラスト信託へ委託する方法です。

図表2−7　マスタートラスト事業会社、各社の概要

商　　号	日本マスタートラスト信託銀行㈱		日本トラスティ・サービス信託銀行㈱		資産管理サービス信託銀行㈱	
資本金	100億円		510億円		500億円	
出資者出資比率	三菱UFJ信託銀行 日本生命保険 明治安田生命保険 農中信託銀行	46.5% 33.5% 10.0% 10.0%	JTCホールディングス	100%	JTCホールディングス	100%
営業開始	2000年5月		2000年7月		2001年1月	

（2019年7月末現在の各社ホームページに掲載のデータに基づいて作成）

図表2−8　再信託方式と共同受託方式

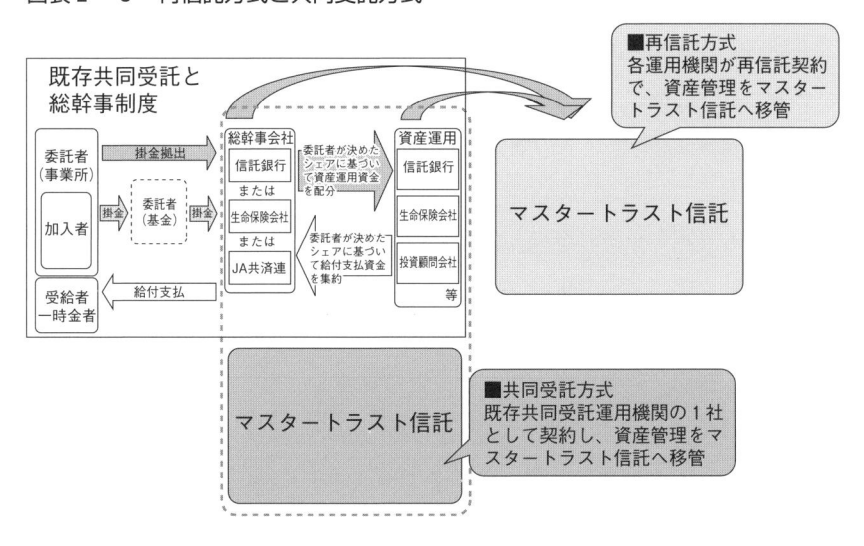

　「共同受託方式」は、既存の共同受託契約に、新たに共同受託者としてマスタートラスト信託が加わる方法です。

第3項　委託形態

　厚生年金基金および確定給付企業年金の委託者が行う業務を受託者である

図表 2 - 9　企業年金業務の委託形態

	I 型		II 型
	I A型	I B型	
年金数理の計算	○	○	○
年金数理資料の管理			○
年金給付、一時金給付の送金		○	○
政府負担金請求等の基礎資料の作成		○	○
年金資産、年金債務の将来予測	○	○	○

(注)　凡例：○は委託する業務を示す。

信託銀行等へ委託できる業務の範囲は、一般的に次のようになっています。

・**年金数理**の計算

・年金数理資料の管理

・年金給付、一時金給付の送金

・**政府負担金**請求等の基礎資料の作成（厚生年金基金のみ）

・年金資産、**年金債務**の将来予測

　図表 2 - 9 のとおり、すべての業務を委託する場合を、II 型委託者と呼んでいます。一部の業務を委託者自身で管理・実施する I 型（I A型、I B型）の形態もあります。I A型および I B型の場合は加入者記録管理のためのシステムを、I A型の場合は受給者記録管理のためのシステムを、各委託者が保持する必要があります。I A型と I B型を総称して I 型委託者と呼んでいます。

　「年金数理の計算」と「年金資産、年金債務の将来予測」は、どの業務委託形態であっても、信託銀行等へ委託することになっています。これらの業務は専門知識が要求されるため、委託者自身が行うのはむずかしいからです。

第4節　企業年金連合会

　企業年金連合会は、1967年に、厚生年金保険法に規定される厚生年金基金の連合会として設立されました（設立当初の名称は「厚生年金基金連合会」）。

　厚生年金基金を短期間（10年未満の加入）で脱退した中途脱退者について、**年金通算事業**を行います。すなわち、各基金から支払義務および年金原資を移換し、一元的、効率的な運用を行って、年金給付を実施します。

　その後、1988年の法改正によって、解散基金の年金給付も一元的に行うことになりました。

　さらに、2001年に成立・施行された確定給付企業年金法に基づき、確定給付企業年金の中途脱退者に関しても、年金給付の支給を行うことになっています。

　2004年の法改正によって、名称が「厚生年金基金連合会」から「企業年金連合会」に変わるとともに、各企業年金間の年金通算事業を行うという役割も加わりました。

　企業年金連合会の事業は、図表2−10のような内容となっています。

第5節　厚生労働大臣

　企業年金制度のなかに登場する厚生労働大臣の役割は、各制度における各種承認行為、決算報告等の受領、各種監視です。

　厚生年金基金の場合、設立・合併・分割・解散時の認可、毎年度の予算の届出、毎事業年度終了後の貸借対照表および損益計算書ならびに当該事業年度の業務報告書の提出先が厚生労働大臣となっています。

　確定給付企業年金、確定拠出年金（企業型）においても、厚生労働大臣

図表2－10　企業年金連合会の事業内容

年金給付に関する事業	・厚生年金基金または確定給付企業年金の中途脱退者の年金の原資を引き継いだ場合の年金給付 ・厚生年金基金の解散基金加入者が老齢厚生年金の受給権を取得した場合の年金給付 ・解散基金加入者または確定給付企業年金の終了制度加入者等が残余財産（分配金）の連合会への移換を申し出た場合の年金給付
企業年金についての調査、研究	○企業年金制度について ・企業年金関係者や専門家を含めた各種委員会・研究会の設置 ・企業年金制度や運営についての調査・研究・要望等
	○企業年金財政について ・企業年金財政に関する調査・研究・支援事業
	○資産運用について ・運用機関、投資対象商品、金融市場等に関する調査研究 ・運用結果の実態調査および分析
研修事業	・企業年金の役職員を対象とした研修の実施（企業年金の管理・運営にあたっての知識の習得ならびに資質の向上などを図ることを目的として毎年実施）
相談事業	・会員（厚生年金基金、確定給付企業年金、確定拠出年金の業務に従事する役職員）を対象とした相談事業
支払保証事業	・厚生年金基金の権利義務を承継している確定給付企業年金へ支払保証事業の積立金分配の決定と分配する事業
連合会の資産運用	・年金資産の安全かつ効率的な管理・運用（中途脱退者や解散基金加入者への年金給付を行うため）
共同運用事業	・厚生年金基金または確定給付企業年金からの拠出金を原資として、年金給付等積立金または積立金の額を付加する事業

（企業年金連合会の資料に基づき作成）

は、基本的に厚生年金基金と同様の役割を担います。

第6節　投資顧問会社

　企業年金制度において**投資顧問会社**は、年金資産の運用者という役割を果たします。

　以前は、企業年金の資産運用の委託は、信託銀行と生命保険会社だけにしか認められていませんでしたが、1990年から投資顧問会社へ委託することも認められました。

　投資顧問会社は、委託者と**年金投資一任契約**を結び、運用を一任されます。投資顧問会社は、資産管理業務はできないため、信託銀行が委託者と**年**

図表2－11　投資顧問会社の運用フロー

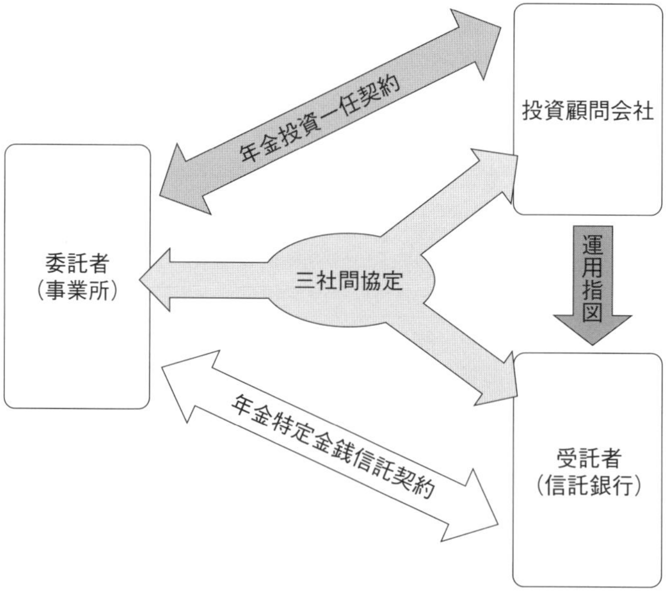

金特定金銭信託契約を結び、信託銀行が**運用指図**を受けて、売買銘柄、数量、価格などを証券会社へ発注します。発注後の証券保管、約定・決済、**運用報告**などの事務も信託銀行が行います（図表2−11参照）。

　信託銀行と投資顧問会社は、委託者を含めて三社間協定の契約関係者となるわけです。

第7節　税務署／市区町村

　企業年金制度における税務署は、支払者（事業所、基金または総幹事会社）における納税先（所得税）と税務にかかわる**法定調書**の提出先となります。受給者にとっては、確定申告が必要になった場合の、申告書提出先と税金の精算をするところになります。

　企業年金制度における税金は、支払時に課税され、年金・一時金の種類によって図表2−12、図表2−13のとおりとなっています。

　企業年金制度における市区町村は、税務署と同様に支払者（事業所、基金または総幹事会社）における納税先（住民税）と税務にかかわる法定調書の提出先となります（図表2−14参照）。

図表2−12　年金の税金種類等

年金の種類	税金の種類	源泉徴収	法定調書
老齢年金	公的年金等の雑所得で総合課税	所得税	作成
障害年金	非課税	—	—
遺族年金	みなし相続財産として相続税 (注)	—	作成
未支給年金	遺族の一時所得で総合課税	—	定めなし

（注）　確定給付企業年金のみで、厚生年金基金は非課税。

図表2－13　一時金の税金種類等

一時金の種類	税金の種類	源泉徴収	法定調書
脱退一時金 （退職一時金）	退職所得で分離課税	所得税 住民税（注2）	作成
選択一時金	退職に起因するものは退職所得で分離課税	同上	作成
	退職に起因しないものは一時所得で総合課税	なし	
遺族一時金	みなし相続財産として相続税（注1）	—	作成

（注）　1　確定給付企業年金のみで、厚生年金基金は非課税。
　　　　2　退職所得の場合、住民税を特別徴収。

図表2－14　税務署／市区町村

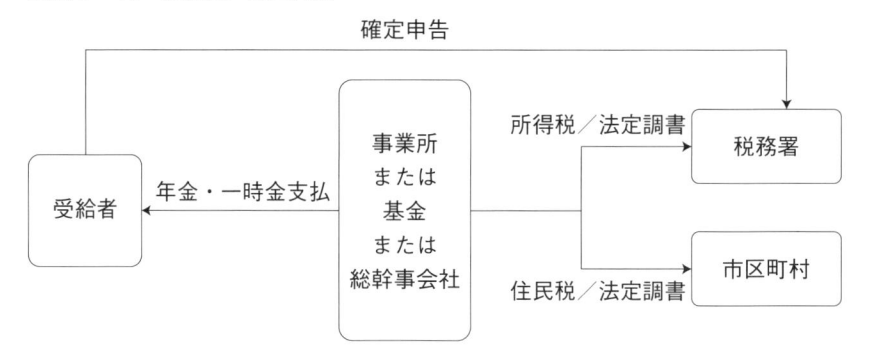

第 3 章

制度設計に
関するイベント

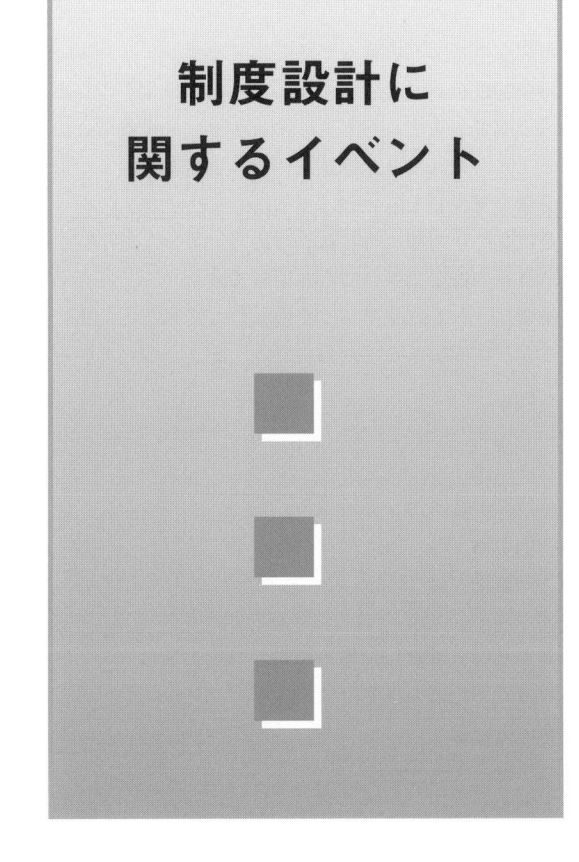

■第3章の要点

　第3章では、制度設計に関するイベントについて説明します。確定給付企業年金制度を設計・運用するときの基本的な考え方である年金数理の解説が主体になります。年金数理の各種計算式は、複雑な計算要素から構成されています。詳細まで一度に理解するのは容易ではないかもしれませんが、少なくとも基本的な考え方は習得できるよう、重要なポイントを押さえて記述します。

　確定給付企業年金制度を新規に設立するときには、掛金率の算出が必須となりますので、その方式を解説します。毎年度の財政決算は、企業年金の財政運営に支障がないかを検証します。検証には、継続基準と非継続基準の2つの基準がありますが、それぞれの手順を解説します。

　少なくとも5年ごとに定期的に行われる財政再計算、企業年金制度の制度変更等に行われる財政再計算の概要についても説明します。

　なお、本章の説明は「わかりやすさ」を優先して記述しています。そのため、一部説明を省略するなど「厳密さにこだわらない」記述となっている部分もある点に留意してください。

第3章　制度設計に関するイベント
　第1節　年金数理の基本的な考え方
　　・大数の法則とは
　　・収支相等の原則とは
　　・現価とは
　　・計算基礎率とは、計算基礎率の種類と算出方法は
　第2節　新規設立のための掛金計算
　　・掛金計算の方法は
　第3節　財政決算
　　・財政決算の目的は
　　・財政検証の方法は
　第4節　定期的に行う財政再計算
　　・財政再計算の目的は
　　・財政再計算を行う時は
　第5節　制度変更等に伴う財政再計算

確定給付企業年金制度では、加入している間に、年金給付に必要な費用の積立を行うことが前提となっています。また、積立にあたっては、加入者の加入期間中に平準的に行うことを原則としているため、掛金は**年金数理**の手法で算定する必要があります。

　制度設立にあたっては、加入資格、給付資格などの制度設計の条件、および数理計算の基礎となる脱退率や昇給率等の前提条件を適切に設定し、労使合意を得て年金制度を発足させます。

　年金制度が発足してからは、毎年1回財政決算を行うことが義務づけられています。

　財政決算の主な役割は、次の4点です。

・決算報告書の作成

・**継続基準**による財政検証

・**非継続基準**による財政検証

・積立上限額の検証

　財政決算では、まず、予定どおりの積立になっているか、十分な積立水準を確保しているかを検証します。積立が不足している場合には、財政再計算を行って掛金の見直しを行います。

　また、給付設計の変更や加入者数の大幅変動など、財政に与える影響が大きいイベントがあった場合にも、掛金の見直しが行われます。

　年金制度で掛金の算出や財政決算を行う際に、将来の状態を推計する計算の前提となる各種数値を計算基礎率と呼びます。主な**計算基礎率**には、「**予定死亡率**」「**予定利率**」「**予定脱退率**」「**予定昇給指数**」などがあります。

　これらの計算基礎率は、時間の経過とともに変動します。したがって、少なくとも5年に1回、前提としている計算基礎率を直近の実績に基づいて洗い替える**財政再計算**を行います。

　図表3－1は確定給付企業年金制度の財政決算・財政再計算の関係を表したものです。

図表3−1　確定給付企業年金制度における財政決算・財政再計算の例

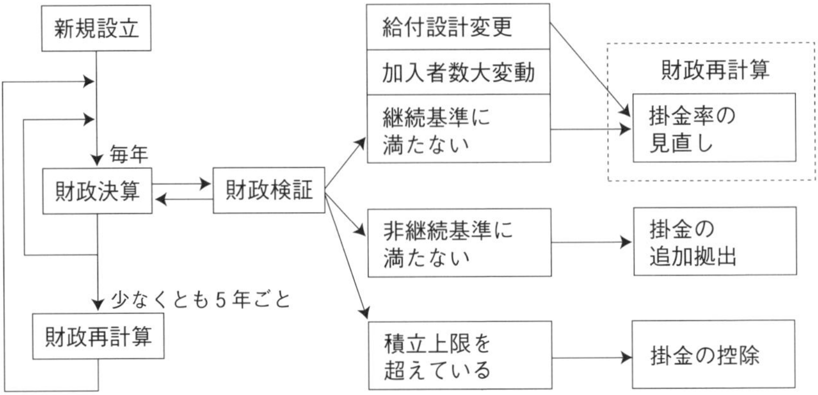

第1節　年金数理の基本的な考え方

　年金制度において長期的な財政計画を立てる際の数学的理論や計算方法を総称して**年金数理**といいます。年金数理は「大数の法則」と「収支相等の原則」の基本原則に基づいています。

第1項　大数の法則

　大数の法則とは、確率論・統計学における法則の1つであり、統計学の分野では、統計の対象となるデータの量が多くなればなるほど、ある事象が発生する割合は理論的に推測した値に限りなく近くなるということを意味します。

　年金制度に即していえば、集団（加入者）の人数が多いほど、各種統計データの実績値から予測した計算結果の確かさが増すということです。年金数理では、この大数の法則に基づいて、予定脱退率や予定死亡率などの計算基礎率を算出し、将来の予測計算を行っています。

第2項 収支相等の原則

収支相等の原則とは、年金制度の財政計画において、収入総額と支出総額を均衡させなければならないということです。掛金・積立金と運用益を財源とし、それをもとに年金の給付（支出）を行う年金制度において、収支相等の原則は大前提となります。

年金数理の手法によって、掛金＝給付となるような掛金率等を算出しま

図表3-2　収支相等のイメージ

確定給付企業年金の計算において、加入者は加入中は掛金を払い、脱退した後、年金ないし一時金の支給を得る。

たとえば、年1回の期初に一括で5年間同じ掛金を払い、5年後一時金で受け取る場合、収支相等の原則の関係から、掛金の計算は下記のようになる。

前提条件
　　p ：掛金
　　y ：一時金
　　利息（予定利率）：1.05
　　一時金：100万円

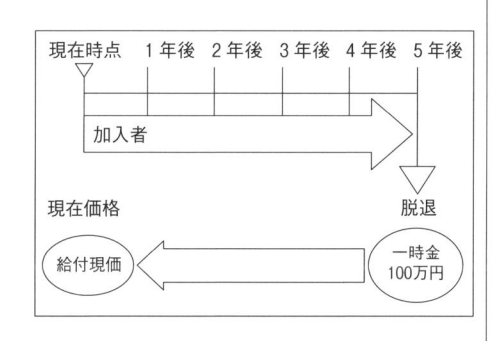

$$給付現価 = y \times (1 \div 1.05)^5$$
$$= 100万円 \times 0.78353$$
$$= 78.353万円$$

$$掛金収入現価 = p + p \times (1 \div 1.05) + \cdots\cdots p \times (1 \div 1.05)^4$$
$$= p \times (4.54595)$$

$$p = 78.353 \div 4.54595 = 17.23581$$

5年後に100万円の一時金をもらうには毎年約17.3万円ずつ5年間掛金を積み立てればよい。

掛金収入現価		
初年度	p	×1
2年度	p	×0.95238
3年度	p	×0.90703
4年度	p	×0.86384
5年度	p	×0.82270
合計	p	×4.54595

す。このときの掛金と給付は現在時点の価格（現価）に置き換えられたもの、すなわち**掛金収入現価**および**給付現価**になります（図表3－2参照）。

第3項　現　　価

利息の計算方法には単利法と複利法がありますが、年金制度においては通常、年複利で計算を行います。

たとえば、元金100万円で年利5％とすると、元利合計は次のとおりです。

1年後＝100万円×1.05＝105万円

2年後＝105万円×1.05＝110.25万円

言い換えれば、2年後の110.25万円は現在時点では100万円と同じ価値があるということになるわけです。

このように2年後時点の金額110.25万円から2年間の利息5％で割り引いた額100万円を、**現価**といいます。

第4項　計算基礎率

先述のとおり、年金財政の将来の状態を計算する基礎となる各種数値が**計算基礎率**です。

以下、主な計算基礎率について、概要と代表的な算出方法を紹介します。

(1)　予定死亡率

予定死亡率は、加入者および受給権者が将来どのような割合で死亡するかを見込む率であり、年齢ごとの死亡確率として示されています。

確定給付企業年金においては、厚生労働省告示に示された基準死亡率を使用することとされており、男女別に示されています。

この死亡率をもとに、**生命表**（図表3－3参照）を作成し、年金数理の計算に用います。

図表3-3　生命表のイメージ

年齢	生存者数	死亡者数	生存率	予定死亡率
0	1,000,000	10,000	0.99000	0.01000
1	990,000	10,000	0.98990	0.01010
2	980,000	10,000	0.98980	0.01020
3	970,000	10,000	0.98969	0.01031
4	960,000	10,000	0.98958	0.01042
:	:	:	:	:

(2) 予定利率

予定利率は、給付現価・給与現価・掛金などの計算を行う際に使用されます。

確定給付企業年金においては、基金ごとに下限予定利率以上で決定することになっています。

また、継続基準の財政検証・非継続基準の財政検証など、図表3-4に示

図表3-4　確定給付企業年金制度で用いられる利率

① 予定利率
　給付現価・給与現価・掛金等を算出する際に用いる利率。
② 最低積立基準額の算定に用いる予定利率
　非継続基準の財政検証に用いられる利率。
　毎年、厚生労働省から示され、30年国債の応募者利回りの5年平均の0.8倍〜1.2倍で定める。
③ 給付利率（年金換算率）
　一時金等（年金原資）から年金額に換算するために使用する利率。
④ 利率（繰下げ乗率）
　加入資格の喪失時から支給開始年齢に達するまでの期間について、給付額の原資に付与する利率。
⑤ 下限予定利率
　継続基準の財政検証・掛金計算等で用いる予定利率の下限のこと。
　毎年、厚生労働省から示され、10年国債の応募者利回りの5年平均または直近1年平均のいずれか低い率に基づき定められる。

すとおり、目的によってさまざまな利率を使い分けます。

(3) 予定脱退率

予定脱退率は、加入者が将来どのように年金制度から脱退していくかを見込む率です。掛金の拠出人数や給付の支払額を見込むために使用されます。

脱退率は年齢ごとの率として算出します。

算出方法は下記のとおりです。

① 年金制度の過去３年分以上の加入者数、新規加入者数、脱退者数の実績をもとにして、「**粗製脱退率**」を算出します（図表３－５参照）。

② 粗製脱退率を補整（平滑化）して、予定脱退率を求めます。「粗製脱退率」の代表的な補整方法には次のような方法があります。

　・**移動平均法**による補整

　・**グレヴィル法**による補整

図表３－５　粗製脱退率の算出例

　　Ｘ歳の粗製脱退率＝Ｘ歳の脱退者数÷Ｘ歳の加入者数

　　Ｘ歳の加入者数＝（Ｘ－１）歳の前年度末加入者数＋年度中新規加入者数÷２

　年度中新規加入者数は１年の間で均等に加入するものとし、平均すると２分の１になると考える。

　　Ｌ　：年度末加入者数

　　ＬＮ：年度中新規加入者数

　　Ｄ　：年度中脱退者数

年齢	2016年		2017年			2018年			2019年			
		Ｌ	ＬＮ	Ｄ	Ｌ	ＬＮ	Ｄ	Ｌ	ＬＮ	Ｄ	Ｌ	
Ｘ－１		19			15			20				
Ｘ			4	2		5	1	10	5	2		

Ｘ歳の粗製脱退率

　＝（２＋１＋２）÷｛(19＋15＋20)＋（４＋５＋５）÷２｝

　＝0.09804

図表 3 － 6　粗製脱退率の補整（移動平均法による補整の例）

移動平均法（5点移動平均法）による補整

　　20歳の補整＝19歳の率～21歳の率の合計÷3　　20歳補整の始点

　　　　補整の始点と終点は3点の平均

　　21歳の補整＝19歳の率～23歳の率の合計÷5

　　22歳の補整＝20歳の率～24歳の率の合計÷5

　　23歳の補整＝21歳の率～25歳の率の合計÷5

年齢	粗製脱退率	補整1回目	補整2回目	予定脱退率
19	0	0	0	0
20	0.00400	0.03401	0.02354	0.02354
21	0.09804	0.036608	0.03096	0.03096
22	0.01400	0.03769	0.03896	0.03896
23	0.06700	0.04650	0.04162	0.04162
24	0.00543	0.04000	0.04230	0.04230
25	0.04804	0.047272	0.044386	0.044386
26	0.06555	0.040042	0.04373	0.04373
27	0.05034	0.04811	0.04319	0.04319
28	0.03085	0.043222	0.040156	0.040156
29	0.04577	0.037328	0.03848	0.038481
30	0.02360	0.032078	0.03456	0.034561

　　移動平均法による補整の例を図表3－6に、グレヴィル法による補整の
イメージを図表3－7に示します。

③　総脱退率を、次の計算式によって算出します。

　　　総脱退率＝予定脱退率＋予定死亡率

　　ただし粗製脱退率算出時のデータに死亡脱退者を含む場合は、上記②で
求めた予定脱退率が総脱退率となるため、次の式のとおり、予定死亡率を
差し引いて予定脱退率を求めます。

　　　予定脱退率＝総脱退率－予定死亡率

図表３－７　粗製脱退率の補整（グレヴィル法による補整【グレヴィル３次７項式のイメージ】）

以下のような、行列式を用いて予定脱退率を算出する。

予定脱退率（$\chi_0 \cdots \omega - 1$）

＝粗製脱退率（$\chi_0 \cdots \omega - 1$）×

$$
\begin{pmatrix}
a(\chi_0, \chi_0) & a(\chi_0, \chi_0+1) & a(\chi_0, \chi_0+2) & a(\chi_0, \chi_0+3) & 0 & \cdots & 0 & 0 & 0 & 0 & 0 \\
a(\chi_0+1, \chi_0) & a(\chi_0+1, \chi_0+1) & a(\chi_0+1, \chi_0+2) & a(\chi_0+1, \chi_0+3) & a(\chi_0+1, \chi_0+4) & \cdots & 0 & 0 & 0 & 0 & 0 \\
a(\chi_0+2, \chi_0) & a(\chi_0+1, \chi_0+1) & a(\chi_0+1, \chi_0+2) & a(\chi_0+1, \chi_0+3) & a(\chi_0+1, \chi_0+4) & \cdots & 0 & 0 & 0 & 0 & 0 \\
a(\chi_0+3, \chi_0) & a(\chi_0+1, \chi_0+1) & a(\chi_0+1, \chi_0+2) & a(\chi_0+1, \chi_0+3) & a(\chi_0+1, \chi_0+4) & \cdots & 0 & 0 & 0 & 0 & 0 \\
a(\chi_0+4, \chi_0) & a(\chi_0+1, \chi_0+1) & a(\chi_0+1, \chi_0+2) & a(\chi_0+1, \chi_0+3) & a(\chi_0+1, \chi_0+4) & \cdots & 0 & 0 & 0 & 0 & 0 \\
a(\chi_0+5, \chi_0) & a(\chi_0+1, \chi_0+1) & a(\chi_0+1, \chi_0+2) & a(\chi_0+1, \chi_0+3) & a(\chi_0+1, \chi_0+4) & \cdots & 0 & 0 & 0 & 0 & 0 \\
a(\chi_0+6, \chi_0) & a(\chi_0+1, \chi_0+1) & a(\chi_0+1, \chi_0+2) & a(\chi_0+1, \chi_0+3) & a(\chi_0+1, \chi_0+4) & \cdots & 0 & 0 & 0 & 0 & 0 \\
0 & 0 & 0 & 0 & a(\chi_0+1, \chi_0+4) & \cdots & 0 & 0 & 0 & 0 & 0 \\
\vdots & \vdots & \vdots & \vdots & \vdots & & \vdots & \vdots & \vdots & \vdots & \vdots \\
0 & 0 & 0 & 0 & 0 & \cdots & a(\omega-8, \omega-5) & 0 & 0 & 0 & 0 \\
0 & 0 & 0 & 0 & 0 & \cdots & a(\omega-7, \omega-5) & a(\omega-7, \omega-4) & a(\omega-7, \omega-3) & a(\omega-7, \omega-2) & a(\omega-7, \omega-1) \\
0 & 0 & 0 & 0 & 0 & \cdots & a(\omega-6, \omega-5) & a(\omega-6, \omega-4) & a(\omega-6, \omega-3) & a(\omega-6, \omega-2) & a(\omega-6, \omega-1) \\
0 & 0 & 0 & 0 & 0 & \cdots & a(\omega-5, \omega-5) & a(\omega-5, \omega-4) & a(\omega-5, \omega-3) & a(\omega-5, \omega-2) & a(\omega-5, \omega-1) \\
0 & 0 & 0 & 0 & 0 & \cdots & a(\omega-4, \omega-5) & a(\omega-4, \omega-4) & a(\omega-4, \omega-3) & a(\omega-4, \omega-2) & a(\omega-4, \omega-1) \\
0 & 0 & 0 & 0 & 0 & \cdots & a(\omega-3, \omega-5) & a(\omega-3, \omega-4) & a(\omega-3, \omega-3) & a(\omega-3, \omega-2) & a(\omega-3, \omega-1) \\
0 & 0 & 0 & 0 & 0 & \cdots & a(\omega-2, \omega-5) & a(\omega-2, \omega-4) & a(\omega-2, \omega-3) & a(\omega-2, \omega-2) & a(\omega-2, \omega-1) \\
0 & 0 & 0 & 0 & 0 & \cdots & 0 & a(\omega-1, \omega-4) & a(\omega-1, \omega-3) & a(\omega-1, \omega-2) & a(\omega-1, \omega-1)
\end{pmatrix}
$$

（注）　χ_0 は最低加入年齢、ω は最終年齢、a（X，X）はおのおのの固定値

図表 3 － 8　脱退残存表の例

年齢	残存数	生存脱退数	死亡脱退数	残存数	生存脱退率	死亡脱退率
20	1,000,000	23,540	10,000	0.966460	0.02354	0.01000
21	966,460	29,922	10,000	0.958693	0.03096	0.01035
22	926,538	36,098	10,000	0.950247	0.03896	0.01079
23	880,440	36,644	10,000	0.947022	0.04162	0.01136
24	833,797	35,270	10,000	0.945707	0.04230	0.01199
25	788,527	35,003	10,000	0.942928	0.04439	0.01268
26	743,524	32,514	10,000	0.942821	0.04373	0.01345
27	701,010	30,277	10,000	0.942545	0.04319	0.01427
28	660,733	26,535	10,000	0.944705	0.04016	0.01513
29	624,198	24,019	10,000	0.945499	0.03848	0.01602
30	590,179	20,397	10,000	0.948496	0.03456	0.01694

④　脱退率をもとに、図表 3 － 8 のような脱退残存表を作成し、年金数理の計算に用います。

(4)　予定昇給指数

予定昇給指数は、給与比例制の年金制度の数理計算において使用する指数であり、年齢ごとの率として示されます。算出方法は下記のとおりです。

①　加入者の給与の勤続年数（図表 3 － 9 参照）または年齢（図表 3 － 10参照）ごとの分布に基づいて「**粗平均給与**」を算出します。

　　粗平均給与の算出方法には、次の 2 種類があります。

(a)　勤続別平均給与から算出する方法（図表 3 － 9 参照）

　　X 歳の粗平均給与

　　　＝ X 歳を中心に前後一定年齢幅に含まれる加入者の給与の合計

　　　　÷ X 歳を中心に前後一定年齢幅に含まれる加入者の人数合計

図表３－９　粗平均給与の算出方法(a)―勤続別平均給与から算出

システムで計算するときのイメージ

例）　年齢前後４歳幅の場合

22歳の粗平均給与＝勤続０年の18～26歳までの平均給与

23歳の粗平均給与＝勤続１年の19～27歳までの平均給与

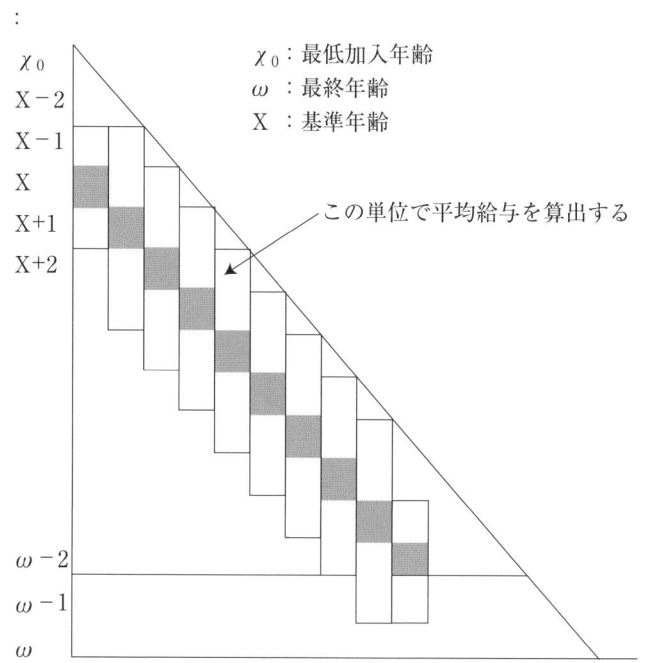

χ_0：最低加入年齢
ω：最終年齢
X：基準年齢

この単位で平均給与を算出する

期間　０　１　２

(b)　年齢別平均給与から算出する方法（図表３－10参照）

X歳の粗平均給与

＝X歳の加入者の給与合計÷X歳の加入者の人数合計

② 「粗平均給与」を平滑化して「補整給与」を算出します。補整には「移動平均法」または「最小自乗法」を用います。

最小自乗法に基づく補整の考え方は、図表３－11のようになります。移動平均法に基づく補整の考え方は、前記(3)「予定脱退率」で使用した方法

図表3−10　粗平均給与の算出方法(b)—年齢別平均給与から算出

システムで計算するときのイメージ

例）　$\chi_0 = 15$の場合

25歳の粗平均給与＝年齢25歳の期間0から期間10での平均給与

26歳の粗平均給与＝年齢26歳の期間0から期間11での平均給与

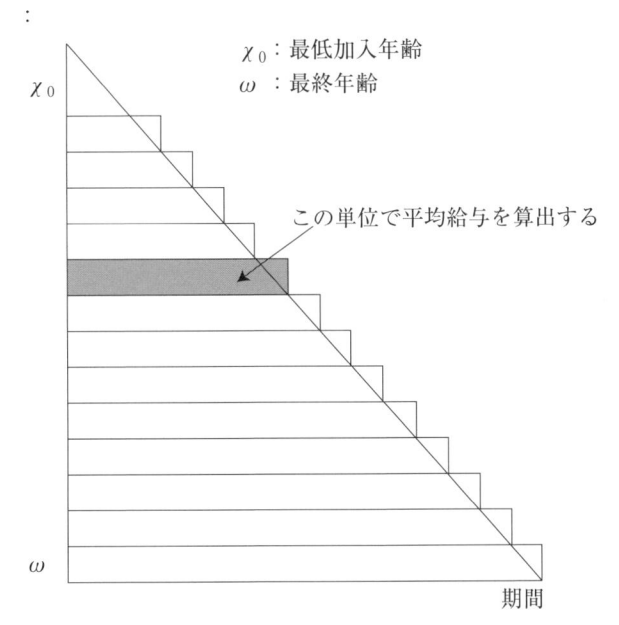

χ_0：最低加入年齢
ω：最終年齢

この単位で平均給与を算出する

期間

と同様になります。

③　「補整給与」から最低加入年齢を1.0として「予定昇給指数」を求めます。

(5)　その他の計算基礎率

① キャッシュバランス制度の指標

　キャッシュバランス制度では、給付額が長期国債・消費者物価指数・年金資産の運用利回りなどの指標に連動して決定されるため、将来の指標がどのような水準となるかを予測しなければなりません。

図表3−11　補整給与算出の例（最小自乗法一次式に基づく）

$Yi = aXi + b$ としたとき、$Yi - (aXi + b)$ で生じる誤差Siの平方和を最小にする a、b を算出する。

$\Sigma Si^2 = \Sigma \{Yi - (aXi + b)\}^2 \rightarrow$ 最小にする a、b を決める。

Y：粗平均給与、　Xi：年齢

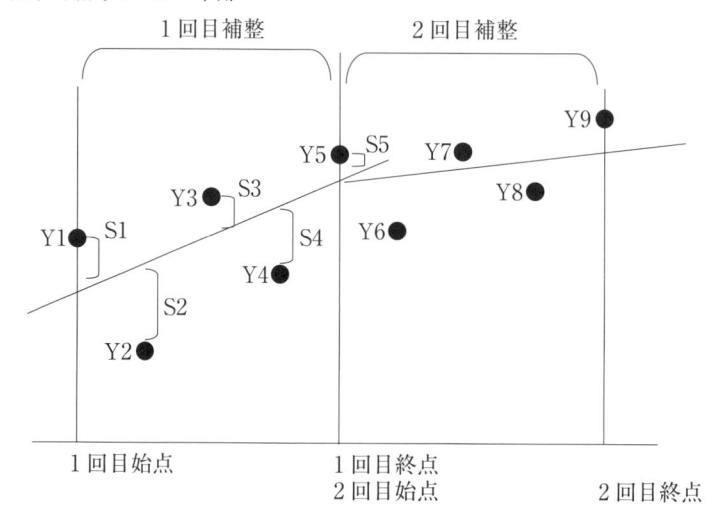

将来の指標の水準の予測は、採用している指標の「①計算時点の水準」「②過去の一定期間の平均値」「③経済指標等の将来予測」に基づいて、将来の年金財政への影響を考慮して慎重に決定します。

②　新規加入者

a　新規加入年齢

新規加入年齢を決定する計算方法には「①過去3年以上の新規加入者の実績を単純に平均する」「②過去3年以上の新規加入者の実績に基づいて、その新規加入者の収入と支出が相等する掛金率を算出し、その掛金率が何歳で加入した場合の掛金率に近いかを調べ、最も近い年齢を新規加入年齢とする」といった方法があります。

将来の新規加入者も含めて計算の対象とする財政方式の場合は、新規加入

年齢のほかに、新規加入者の人数、給与を見込む必要があります。人数、給与を見込む場合は「**定常人口**」（注）の考え方を基本に、企業の採用計画等を参考に補整する方法が用いられます。

b　新規加入者数

　定常人口の考え方に基づく新規加入者数の見込みは、次の計算式で求めます（図表3－12参照）。

　　新規加入者数
　　　＝加入者総数÷**脱退残存表**の新規加入者年齢の平均加入期間

（注）　将来の新規加入者を見込む年金数理の計算においては、予定脱退率や予定死亡率によって将来の加入者数を計算します。毎年同じ年齢で一定人数が加入すると仮定した場合、やがて加入者の年齢構成は脱退残存表と同じ一定の状態に達します。これを脱退残存表の示す、定常人口といいます。

図表3－12　新規加入者数見込みの算出

　現在の加入者規模を将来にわたって維持するという前提に基づいて算出する。
　　新規加入者数＝加入者総数÷脱退残存表の新規加入者年齢の平均加入期間
　現在の加入者総数（L）が将来とも変わらないためには、LN人（X歳加入）の新規加入者が必要である。
　定常人口になったときの脱退残存表の残存者数をLx、残存者総数をΣLxとすると下記の関係になる。
新規加入者数
　　$LN \div L = Lx \div \Sigma Lx$　　…ΣはX歳〜$\omega-1$歳までの集計
　　$LN = L \times (Lx \div \Sigma Lx) = L \div (\Sigma Lx \div Lx)$
　ここで$\Sigma Lx \div Lx$は、残存者X歳の平均加入期間
　　新規加入者数（LN）＝加入者総数（L）
　　　　　　　　　÷残存者X歳の平均加入期間（$\Sigma Lx \div Lx$）

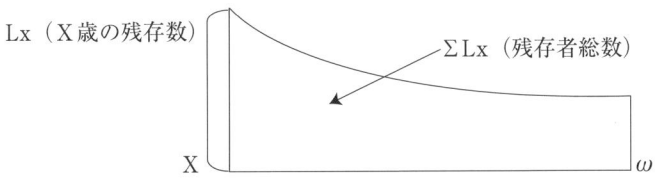

c　新規加入者給与

　定常人口の考え方に基づく新規加入者給与の見込みを算出する計算式は、次のようになります（図表 3 −13参照）。

　　新規加入者給与

　　　＝現在加入者の平均給与×（新規加入年齢時の予定昇給率）

　　　　×（脱退残存表の新規加入年齢以上最終年齢未満の残存者数合計）

　　　　÷（脱退残存表の新規加入年齢以上最終年齢未満の各年齢での残存者数×予定昇給率）

図表 3 −13　新規加入者給与の算出

新規加入者給与＝現在加入者の平均給与×（新規加入年齢時の予定昇給率）
　　×（脱退残存表の新規加入年齢以上最終年齢未満の残存者数合計）
　　÷（脱退残存表の新規加入年齢以上最終年齢未満の各年齢での
　　　残存者数×予定昇給率）
　現在の給与総額をBとし、定常人口になったときの給与総額をB'とすれば、下記の関係になる。
新規加入者給与
　B ＝ B' ＝ Σ ｛新規加入者数×給与(K・bx)｝
　　　給与：K・bx　　予定昇給率：bx
　K ＝ B ÷ Σ ｛新規加入者数×(bx)｝ ＝ B ÷ Σ ｛(L・Lx ÷ ΣLx)・(bx)｝
　　＝ B ÷ (L ÷ ΣLx) ÷ Σ (Lx・bx)
　　＝ (B ÷ L) × ΣLx ÷ Σ (Lx・bx) ＝ 加入者の平均給与× Σlx ÷ Σ (Lx・bx)
　新規加入年齢X歳時の給与(K・bx) ＝ 加入者の平均給与×(bx ΣLx) ÷ Σ (Lx・bx)

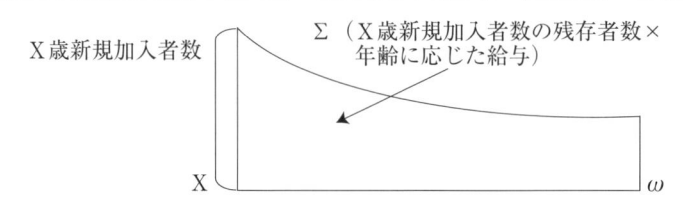

第2節　新規設立のための掛金計算

　確定給付企業年金制度を新規に発足するにあたり、加入資格、給付資格などの制度設計、および計算基礎率を設定したら「掛金＝給付」となる掛金を算出します。

　企業年金においては、給付が発生するまで必要な費用を積み立てる「事前積立方式」が基本であり、掛金率は収支相等の原則（給付現価（注）＝掛金収入現価＝給与現価×掛金率）が成り立つように計算が行われます。

（注）　積立水準によって給付水準が変動する「リスク分担型企業年金」の導入に伴って、通常の確定給付企業年金制度、および、積立水準が通常範囲内にあるリスク分担型企業年金制度の本来的な給付に基づく給付現価を「通常予測給付現価」と呼称することになった。本書では特に断らない限り、「給付現価」は「通常予測給付現価」を指す。

　確定給付企業年金制度の収支相等を実現するためには、**加入年齢方式、個人平準保険料方式、総合保険料方式**など、いくつかの方式があります。

　ここでは、多くの確定給付企業年金制度が採用している加入年齢方式を例にとって説明します（本書記載の例示は給与に基づいて掛金・給付を算定する制度（給与比例制）のものです）。

(1)　標準掛金

　標準的な加入年齢の者（標準者）を設定し、その標準者について収支相等する掛金を算出します。これを**標準掛金**と呼び、次の計算式で求めます（標準者の給付現価／給与現価については図表3－14参照、標準掛金の計算例については図表3－15参照）。

　　標準掛金＝標準者の給付現価÷標準者の給与現価

(2)　特別掛金

　現在加入者について、加入制度が発足してから脱退までは標準掛金として

図表 3 －14　標準者の現価計算

年度	加入年数	年齢	予定利率	現価率	脱退率	加入者	脱退者	昇給率	給与
1	0	25	0.03	1.000000	0.02	1	0	0.025	1.00000
2	1	26	0.03	0.970874	0.02	0.98	0.02	0.025	1.02500
3	2	27	0.03	0.942596	0.02	0.9604	0.0196	0.025	1.05063
4	3	28	0.03	0.915142	0.02	0.941192	0.019208	0.025	1.07689
5	4	29	0.03	0.888487	0.02	0.92236816	0.01882384	0.025	1.10381
6	5	30	0.03	0.862609	0.02	0.903920797	0.018447363	0.025	1.13141
7	6	31	0.03	0.837484	0.02	0.885842381	0.018078416	0.025	1.15969
8	7	32	0.03	0.813092	0.02	0.868125533	0.017716848	0.025	1.18869
9	8	33	0.03	0.789409	0.02	0.850763023	0.017362511	0.025	1.21840
10	9	34	0.03	0.766417	0.02	0.833747762	0.01701526	0.025	1.24886
11	10	35	0.03	0.744094	0.02	0.817072807	0.016674955	0.025	1.28008
12	11	36	0.03	0.722421	0.02	0.800731351	0.016341456	0.025	1.31209
13	12	37	0.03	0.701380	0.02	0.784716724	0.016014627	0.025	1.34489
14	13	38	0.03	0.680951	0.02	0.769022389	0.015694334	0.025	1.37851
15	14	39	0.03	0.661118	0.02	0.753641941	0.015380448	0.025	1.41297
16	15	40	0.03	0.641862	0.02	0.738569103	0.015072839	0.025	1.44830
17	16	41	0.03	0.623167	0.02	0.723797721	0.014771382	0.025	1.48451
18	17	42	0.03	0.605016	0.02	0.709321766	0.014475954	0.025	1.52162
19	18	43	0.03	0.587395	0.02	0.695135331	0.014186435	0.025	1.55966
20	19	44	0.03	0.570286	0.02	0.681232624	0.013902707	0.025	1.59865
21	20	45	0.03	0.553676	0.02	0.667607972	0.013624652	0.025	1.63862
22	21	46	0.03	0.537549	0.02	0.654255812	0.013352159	0.025	1.67958
23	22	47	0.03	0.521893	0.02	0.641170696	0.013085116	0.025	1.72157
24	23	48	0.03	0.506692	0.02	0.628347282	0.012823414	0.025	1.76461
25	24	49	0.03	0.491934	0.02	0.615780337	0.012566946	0.025	1.80873
26	25	50	0.03	0.477606	0.02	0.60346473	0.012315607	0.025	1.85394
27	26	51	0.03	0.463695	0.02	0.591395435	0.012069295	0.025	1.90029
28	27	52	0.03	0.450189	0.02	0.579567526	0.011827909	0.025	1.94780
29	28	53	0.03	0.437077	0.02	0.567976176	0.011591351	0.025	1.99650
30	29	54	0.03	0.424346	0.02	0.556616652	0.011359524	0.025	2.04641
31	30	55	0.03	0.411987	0.02	0.545484319	0.011132333	0.025	2.09757
32	31	56	0.03	0.399987	0.02	0.534574633	0.010909686	0.025	2.15001
33	32	57	0.03	0.388337	0.02	0.52388314	0.010691493	0.025	2.20376
34	33	58	0.03	0.377026	0.02	0.513405478	0.010477663	0.025	2.25885
35	34	59	0.03	0.366045	1	0.503137368	0.01026811	0.025	2.31532
36	35	60	0.03	0.355383	1	0	0.503137368	0.025	2.37321
計									

掛金率＝給付現価／給与現価＝6.37％

年給与	年給与×加入者	給与現価	給付額	給付額×脱退者	給付現価
12.00000	12.00000	12.00000	0.00000	0.00000	0.00000
12.30000	12.05400	11.70291	0.00000	0.00000	0.00000
12.60750	12.10824	11.41318	0.00000	0.00000	0.00000
12.92269	12.16273	11.13062	0.00000	0.00000	0.00000
13.24575	12.21746	10.85506	0.00000	0.00000	0.00000
13.57690	12.27244	10.58632	0.00000	0.00000	0.00000
13.91632	12.32767	10.32423	0.00000	0.00000	0.00000
14.26423	12.38314	10.06863	0.00000	0.00000	0.00000
14.62083	12.43887	9.81936	0.00000	0.00000	0.00000
14.98636	12.49484	9.57625	0.00000	0.00000	0.00000
15.36101	12.55107	9.33917	0.00000	0.00000	0.00000
15.74504	12.60755	9.10796	0.00000	0.00000	0.00000
16.13867	12.66428	8.88247	0.00000	0.00000	0.00000
16.54213	12.72127	8.66257	0.00000	0.00000	0.00000
16.95569	12.77852	8.44810	0.00000	0.00000	0.00000
17.37958	12.83602	8.23895	0.00000	0.00000	0.00000
17.81407	12.89378	8.03498	11.87604	0.17543	0.10932
18.25942	12.95180	7.83605	12.93376	0.18723	0.11328
18.71590	13.01009	7.64205	14.03693	0.19913	0.11697
19.18380	13.06863	7.45286	15.18718	0.21114	0.12041
19.66340	13.12744	7.26835	16.38616	0.22326	0.12361
20.15498	13.18651	7.08840	17.63561	0.23547	0.12658
20.65886	13.24585	6.91291	18.93729	0.24780	0.12932
21.17533	13.30546	6.74177	20.29302	0.26023	0.13185
21.70471	13.36533	6.57486	21.70471	0.27276	0.13418
22.24733	13.42548	6.41208	23.17430	0.28541	0.13631
22.80351	13.48589	6.25334	37.05571	0.44724	0.20738
23.37360	13.54658	6.09852	39.44295	0.46653	0.21003
23.95794	13.60754	5.94754	41.92640	0.48598	0.21241
24.55689	13.66877	5.80029	44.50936	0.50561	0.21455
25.17081	13.73028	5.65669	47.19527	0.52539	0.21646
25.80008	13.79207	5.51665	49.98766	0.54535	0.21813
26.44508	13.85413	5.38007	52.89017	0.56547	0.21959
27.10621	13.91648	5.24688	55.90656	0.58577	0.22085
27.78387	13.97910	5.11698	59.04071	0.60624	0.22191
0.00000	0.00000	0.00000	83.06218	41.79169	14.85207
		283.13706			18.03522

図表 3 −15　標準掛金の計算例

　計算を簡単にするため、掛金は期初に 1 年分を徴収し、脱退は期末脱退とする。
標準加入者：25歳、給与月額 1 円、 1 人
計算基礎率
　　予定利率：一律 3 %　　昇給率：一律2.5%　　脱退率：一律 2 %
支給条件
　　20〜40歳までの脱退者は給付なし
　　41〜50歳までの脱退者は一時金（給与月額×加入年数×0.5）
　　51〜59歳までの脱退者は一時金（給与月額×加入年数×0.75）
　　60歳（定年）での脱退者は一時金（給与月額×加入年数）
　　給与現価＝283.13706　　（図表 3 −14「標準者の現価計算」参照）
　　給付現価＝18.03522　　　（図表 3 −14「標準者の現価計算」参照）
　　標準掛金＝18.03522÷283.13706＝0.0637

年金制度加入後の給付に対する費用を積み立てます。しかし、**過去勤務期間**（入社から年金制度発足までの期間）に対応する費用は、標準掛金だけでは不足します。

　その不足分を過去勤務債務といい、**特別掛金**として一定期間内で償却します。過去勤務債務の計算方法は図表 3 −16のとおりです。

図表 3 −16　過去勤務債務の計算例

　計算を簡単にするため、掛金は期初に 1 年分を徴収し、脱退は期末脱退とする。
現在加入者が下記の者だけとした場合
　50歳、加入期間20年、給与月額40万円、100人
　給与現価＝4,299,062,030円　　（図表 3 −17「加入者の現価計算」参照）
　給付現価＝1,073,944,714円　　（図表 3 −17「加入者の現価計算」参照）
　過去勤務債務（特別掛金収入現価）
　　＝1,073,944,714−（4,299,062,030×0.0637）
　　＝1,073,944,714−273,850,251
　　＝800,094,463（円）

過去勤務債務

　＝給付現価－（給与現価×標準掛金）－資産（制度発足時はゼロ）

　　（給付現価／給与現価については図表3－17参照）

　過去勤務債務の償却方法は、主に下記の3種類があります（図表3－18参照）。

a　元利均等償却

　元利均等償却は、3年以上20年以内で予定償却期間（n）を決めて償却する方法です。この場合、特別掛金は次の式で計算します。

　特別掛金

　　＝過去勤務債務÷（現在加入者給与合計×n年確定年金現価率）

b　弾力償却

　過去勤務債務を元利均等償却で償却する掛金と、それに対応する最短期間で償却する掛金を設定しておき、毎年この範囲内で特別掛金を設定するのが、**弾力償却**です。

　予定償却期間での特別掛金の算出方法は、上記の元利均等償却の場合と同じです。

　最短償却期間での特別掛金は、次の式によって計算します。

　最短償却期間での特別掛金

　　＝予定償却期間での特別掛金

　　　×予定償却期間（n年）確定年金現価率

　　　÷最短償却期間（n'年）確定年金現価率

c　定率償却

　定率償却は、15〜50％の範囲で償却割合を決め、毎年の過去勤務債務の額にその率を掛け特別掛金とする方法です。

　特別掛金

　　＝過去勤務債務×償却割合÷現在加入者給与合計

図表 3 −17　加入者の現価計算

年度	加入年数	年齢	予定利率	現価率	脱退率	加入者	脱退者	昇給率	給与
1	20	50	0.03	1.000000	0.02	100	0	0.025	400,000
2	21	51	0.03	0.970874	0.02	98	2	0.025	410,000
3	22	52	0.03	0.942596	0.02	96.04	1.96	0.025	420,250
4	23	53	0.03	0.915142	0.02	94.1192	1.9208	0.025	430,756
5	24	54	0.03	0.888487	0.02	92.236816	1.882384	0.025	441,525
6	25	55	0.03	0.862609	0.02	90.39207968	1.84473632	0.025	452,563
7	26	56	0.03	0.837484	0.02	88.58423809	1.807841594	0.025	463,877
8	27	57	0.03	0.813092	0.02	86.81255332	1.771684762	0.025	475,474
9	28	58	0.03	0.789409	0.02	85.07630226	1.736251066	0.025	487,361
10	29	59	0.03	0.766417	1	83.37477621	1.701526045	0.025	499,545
11	30	60	0.03	0.744094		0	83.37477621	0.025	512,034
計									

　確定年金とは、あらかじめ定めた一定の期間支払われる年金のことです。この年金の額を 1 円として給付現価を計算したものが、確定年金現価率になります。図表 3 −18の10年確定年金現価率、 6 年確定年金現価率とも、計算を簡単にするため、年金は年 1 回期初払いとして利率 3 ％で計算しています。

$$\cdot\ \text{n 年確定年金現価率} = 1 + \left(\frac{1}{1.03}\right)^{1} + \left(\frac{1}{1.03}\right)^{2} + \cdots\cdots + \left(\frac{1}{1.03}\right)^{\text{n}}$$

(3)　リスク対応掛金

　2017年 1 月に導入された新たな掛金拠出の仕組みで、将来の確定給付企業年金制度の財政悪化に備えて、事前に拠出する掛金のことです。

　まず、通常の確定給付企業年金制度の**リスク対応掛金**について説明します。

　将来発生するリスク（「**財政悪化リスク相当額**」といいます）の算定には、「標準方式」、厚生労働大臣の承認を得たうえで適用それぞれの確定給付企業年金制度の実情に合わせて算定する「特別方式」の 2 種類の方法がありま

年給与	年給与×加入者	給与現価	給付額	給付額×脱退者	給付現価
4,800,000	480,000,000	480,000,000	4,000,000	0	0
4,920,000	482,160,000	468,116,505	6,457,500	12,915,000	12,538,835
5,043,000	484,329,720	456,527,213	6,934,125	13,590,885	12,810,713
5,169,075	486,509,204	445,224,840	7,430,545	14,272,591	13,061,443
5,298,302	488,698,495	434,202,283	7,947,453	14,960,158	13,291,907
5,430,759	490,897,638	423,452,615	8,485,562	15,653,624	13,502,953
5,566,528	493,106,678	412,969,079	9,045,609	16,353,028	13,695,403
5,705,692	495,325,658	402,745,088	9,628,355	17,058,409	13,870,048
5,848,334	497,554,623	392,774,214	10,234,584	17,769,808	14,027,651
5,994,542	499,793,619	383,050,192	10,865,108	18,487,264	14,168,948
0	0	0	15,361,015	1,280,721,149	952,976,814
	4,898,375,635	4,299,062,030			1,073,944,714

す。

　標準方式の財政悪化リスク相当額は、資産の区分に応じて、厚生労働省が提示した係数を乗じて算定します。財政悪化リスク相当額を算定したら、労使合意に基づいて、その全部または一部を償却する掛金として「リスク対応掛金」を拠出します。リスク対応掛金の計算は、特別掛金と同様に、①元利均等償却、②弾力償却、③定率償却の三通りのいずれかで行いますが、将来発生する可能性のある積立不足を償却するという性格の掛金のため、特別掛金よりも長期間での償却を行います（図表3−19参照）。

　次に、第1章で説明したリスク分担型企業年金制度のリスク対応掛金について説明します。

　リスクの算定方法に「標準方式」と「特別方式」が存在するのは、通常の確定給付企業年金制度のリスク対応掛金と同様ですが、リスク分担型企業年金制度ではいったん算定したリスク対応掛金が将来にわたって固定されるため、通常の確定給付企業年金制度のリスク対応掛金とは異なる点があります。

図表 3 −18　過去勤務債務の償却方法

過去勤務債務 = 800,094,463円
現在加入者給与合計 = 4,898,375,635円
10年確定年金現価率(予定利率 3 %) = 8.786
 6 年確定年金現価率(予定利率 3 %) = 5.580
上記条件で各償却方法について計算をすると以下のようになります。
(a)　元利均等償却の計算例（10年償却）
　　特別掛金 = 800,094,463 ÷ (4,898,375,635 × 8.786) = 0.0186
(b)　弾力償却の計算例（予定償却10年）
　　最短償却期間での特別掛金 = 0.0186 × (8.786 ÷ 5.580) = 0.0293
　　予定償却期間に対応する最短償却期間は下表のように定められています。

予定償却期間	最短償却期間
5 年未満	3 年
5 年以上 7 年未満	4 年
7 年以上 9 年未満	5 年
9 年以上11年未満	6 年
11年以上13年未満	7 年
13年以上14年未満	8 年
14年以上15年未満	9 年
15年以上	10年

(c)　定率償却の計算例（20%償却）
　　新たに過去勤務債務が発生しなければ特別掛金は年々小さくなります。
　　初年度の特別掛金 = 800,094,463 × 0.2 ÷ 4,898,375,635 = 0.0327
　　初年度特別掛金 = 4,898,375,635 × 0.0327 = 160,176,883
　　 2 年度の特別掛金 = 639,917,580 × 0.2 ÷ 4,898,375,635 = 0.0261

　リスク分担型企業年金制度では、制度設立後の期間が短い場合、制度設立後にある程度の期間が経過して制度が成熟したときよりも財政悪化リスク相当額が少額となるため、通常の確定給付企業年金制度とは異なり、制度が成熟した時点（一定期間経過後の状態）を想定してリスク対応掛金を決定します。このように、「ある程度期間が経過して制度が成熟状態になった時点」

図表3－19 リスク対応掛金の仕組み（標準方式）

資産の資産区分に応じて下表のとおり将来発生するリスクを算定。

資産額：15億円

給付現価：20億円

資産区分	係数の定められている資産							その他の資産	資産合計
	国内債券	国内株式	外国債券	外国株式	一般勘定	短期資産	合計		
資産額	6億円	2億円	2億円	1億円	2億円	1億円	14億円	1億円	15億円
係数(注1)	5％	50％	25％	50％	0％	0％			
資産額×係数	0.3億円	1億円	0.5億円	0.5億円	—	—	2.3億円	×1.07(注2)	2.46億円(注3)

(注)　1　厚生労働省が公表。
　　　2　資産合計÷係数の定められている資産合計で算出（15億円÷14億円＝1.07）。
　　　3　最終的な将来発生するリスク（2.46億円＝2.3億円×1.07）。

リスク対応掛金のイメージ

(注)　発生ずみの積立不足は「特別掛金」で償却。

リスク対応掛金の償却期間

① 元利均等償却：5年～20年

② 弾力償却：5年～10年（下表）

予定償却期間	最短償却年数
9年未満	5年
9年以上11年未満	6年
11年以上13年未満	7年
13年以上14年未満	8年
14年以上15年未満	9年
15年以上	10年

③ 定率償却：15％～50％

図表 3 – 20　リスク分担型企業年金制度のリスク対応掛金（標準方式）

一定期間経過して制度が成熟した状態の推計結果。

資産額：50億円

掛金収入現価：30億円

調整前給付現価：80億円

掛金収入現価	調整前給付現価
積立金	

価格変動リスク（標準方式）

資産区分	係数の定められている資産							その他の資産	資産合計
	国内債券	国内株式	外国債券	外国株式	一般勘定	短期資産	合計		
政策的資産構成割合	50%	20%	10%	10%	5 %	3 %	98%	2 %	100%
資産額推計値 (注1)	25億円	10億円	5 億円	5 億円	2.5億円	1.5億円	49億円	1 億円	50億円
係数 (注2)	5 %	50%	25%	50%	0 %	0 0%			
資産額×係数	1.25億円	5 億円	1.25億円	2.5億円	—	—	10億円	×1.02 (注3)	10.2億円 (注4)

（注）　1　成熟状態の年金資産額×政策的資産構成割合で算出。
　　　　2　厚生労働省が公表。
　　　　3　資産合計÷係数の定められている資産合計で算出（50億円÷49億円＝1.02）。
　　　　4　最終的な将来発生するリスク（10.2億円＝10億円×1.02）。

予定利率の変動リスク

積立不足（10億円）	調整前給付現価 (100億円)
掛金収入現価（30億円）	
積立金（50億円）	

（注）　予定利率の低下により発生する積立不足を10億円と推計。

【リスク分担型企業年金制度における将来発生するリスク】

財政悪化リスク相当額（20.2億円）＝価格変動リスク（10.2億円）＋予定利率低下リスク（10億円）

労使合意に基づいて財政悪化リスク相当額の範囲内でリスク対応掛金を決定。

を想定してリスクを推計する点が通常の確定給付企業年金制度のリスク対応掛金の算定とは異なります。

　さらに、通常の確定給付企業年金制度のリスク対応掛金で説明した年金資産の変動リスクに加えて、債務の変動リスクを考慮する点も異なります。標準方式では、将来の予定利率が低下するリスクを債務の変動リスクとして計算し、年金資産の変動リスクとの合計をリスク分担型企業年金制度の財政悪化リスク相当額とします。労使の合意に基づいて、この財政悪化リスク相当額の全部または一部に対応するリスク対応掛金の水準を決定します（図表3－20参照）。

(4)　その他の掛金

　確定給付年金制度の掛金の算定方法について、標準掛金・特別掛金・リスク対応掛金の説明をしました。このなかで、特別掛金とリスク対応掛金は「標準掛金を補う掛金」という意味で「補足掛金」と呼ばれます。補足掛金のなかには、特別掛金・リスク対応掛金以外に、非継続基準の財政検証に抵触した場合に拠出しなければならない掛金や次回財政再計算までに発生する可能性のある不足金に対応するための掛金等があります。これらの掛金を「特例掛金」といいます。また、年金数理計算の対象外ですが、確定給付企業年金制度の事業運営・事務処理に必要な「事務費掛金」といわれる掛金もあります。

第3節　財政決算

　企業年金制度の財政決算では、決算報告書の作成以外に、財政状況の検証基準が定められ、基準を満たさない場合の取扱いも規定されています。

　本節では（リスク分担型企業年金制度以外の）通常の確定給付企業年金制度

について解説します。

　財政決算では以下の作業を行います。

・決算報告書の作成

・継続基準の財政検証

・非継続基準の財政検証

・積立上限額の検証

第1項　決算報告書の作成

　確定給付企業年金の財政運営の状況を検証するために、貸借対照表、損益計算書などの決算報告書を作成します。貸借対照表は、基準日における資産・負債などの財政状態を明らかにするものです。損益計算書は1年間の収入と支出の状況を明らかにするものです。

　貸借対照表のイメージを図表3−21に、損益計算書のイメージを図表3−22に、それぞれ示します。

　貸借対照表および損益計算書は、下記の区分に分けて作成します。

①　**年金経理**：年金制度の年金給付および一時金給付に関する取引にかかわる会計

図表3−21　貸借対照表のイメージ

資産勘定	負債勘定
純資産 　流動資産 　固定資産 　　信託資産 　　保険資産	純資産 　流動負債 　支払備金
	負債 　責任準備金
基本金 　繰越不足金 　当年度不足金	基本金 　別途積立金 　当年度剰余金
合　　計	合　　計

図表 3 −22 損益計算書のイメージ

費用勘定	収益勘定
経常収支 　給付費 　移換金 　運用報酬等 　業務委託費等 　運用損失	経常収支 　掛金等収入 　受換金等 　運用収益
特別収支 　特別支出 　繰入金	特別収支 　特別収入 　受入金
負債の変動 　責任準備金増加額	負債の変動 　責任準備金減少額
基本金 　繰越不足金処理金 　別途積立金積増金 　当年度剰余金	基本金 　別途積立金取崩金 　当年度不足金
合　計	合　計

② **業務経理**：年金制度の実施に必要な業務経費にかかわる会計

　決算に関する書類は、事業年度終了後 4 カ月以内に、厚生労働大臣に提出することと定められています。

第 2 項　財政検証

　確定給付企業年金の毎年の決算において、財政運営に支障がないかを検証するのが、**財政検証**です。財政検証は、継続基準と非継続基準の 2 つの基準で行います。

(1)　継続基準の財政検証

2017年 1 月のリスク対応掛金の導入によって、**継続基準**の財政検証の考え

方が大きく変更されました。本項では、通常の確定給付企業年金制度の新しい継続基準の財政検証について説明します。なお、それぞれの制度によって、新基準の財政計算実施を行うまでの間は、旧基準の財政検証を経過的に実施している場合もあります。

継続基準の財政検証で「**責任準備金**と積立金を対比して財政状態を判定する」という部分は従来と同様ですが、責任準備金の算定方法が変更されています。具体的には以下の算式となりますが、次回再計算までに発生する不足金の推計値を事前に掛金拠出（特例掛金の拠出）する場合等はそれに応じて以下の算式を調整する必要がありますので留意してください。

責任準備金＝給付現価−掛金収入現価−追加拠出可能額現価

それぞれの項目は以下のとおり算定します。

給付現価＝通常予測給付現価＋財政悪化リスク相当額

掛金収入現価＝標準掛金収入現価＋特別掛金収入現価＋リスク対応掛金収入現価

追加拠出可能額現価は、「財政悪化リスク相当額−リスク充当額（計算結果がマイナスとなる場合は「0」とします）」と「財政悪化リスク相当額」のいずれか小さい額となります。

また、リスク充足額は「積立金＋掛金収入現価−通常予測給付現価（計算結果がマイナスの場合は「0」とします）」として定義されます（図表3−23参照）。

なお、積立不足が発生した場合であっても「**許容繰越不足金**」^(注) の範囲内であれば、直ちに特別掛金の見直しをせずに積立不足を「**繰越不足金**」として計上し、次回再計算時に特別掛金に反映することができます。

(注) 許容繰越不足金は以下の3つの方法から選択します。
　① 20年分の標準掛金収入現価にあらかじめ規約で定める15%以下の一定率を乗じて算定する方法
　② 責任準備金に規約で定める15%以下の一定率を乗じて算定する方法
　③ 上記の①または②のいずれか小さい額とする方法

図表 3 −23　継続基準の財政検証のイメージ

ケース 1

追加拠出可能額現価	財政悪化リスク相当額
(A)	調整前給付現価
リスク対応掛金収入現価	
特別掛金収入現価	
通常掛金収入現価	
積立金	

追加拠出可能額現価	財政悪化リスク相当額
	リスク対応掛金収入現価
	特別掛金収入現価
	通常掛金収入現価
積立不足(A)	責任準備金
積立金	

ケース 2

追加拠出可能額現価	財政悪化リスク相当額
リスク対応掛金収入現価	調整前給付現価
特別掛金収入現価	
通常掛金収入現価	
積立金	

追加拠出可能額現価	財政悪化リスク相当額
	リスク対応掛金収入現価
	通常掛金収入現価
	特別掛金収入現価
積立金	責任準備金

責任準備金＝積立金
（財政均衡）

ケース3

(2) 非継続基準の財政検証

　財政検証時点において確定給付企業年金制度を終了したと仮定した場合に、加入者や受給者に対し保全すべき**最低保全給付**に必要な最低積立基準額が確保されているかどうかを検証します。

　非継続基準に抵触した場合、すなわち最低積立基準額が不足している場合は、「積立比率に応じて必要な掛金を設定する方法」または「積立水準の回復計画を作成して積立不足を解消する方法」のいずれかによって、積立水準の確保を図る必要があります。

　非継続基準の財政検証では「最低保全給付」の算定を行った後に、「最低積立基準額」を計算します。

　最低保全給付は、計算時点までの加入期間に見合った給付として計算します。具体的には、年金規約で定める「標準退職年齢」まで勤務した場合の給付額に一定率を乗じて算定する方法（「1号方式」といいます）、または、計算時点における給付額にその時点の年齢に応じた率を乗じて算定する方法

（「2号方式」といいます）のいずれかによって算定することとされています。

　最低積立基準額は、最低保全給付を厚生労働省が指定する率（30年国債の応募者利回りを勘案して決定）の0.8倍〜1.2倍の利率によって、標準退職年齢から現在の年齢まで割り引いて計算します。

　このように算定した最低積立基準額と積立金の額を比較し、積立金の額が最低積立基準額を上回っている場合、または、積立金の額が最低積立基準額の0.9倍以上かつ前の3事業年度のうちの2事業年度で積立金の額が最低積立基準額を上回っている場合は非継続基準をクリアしたと判定されます。クリアできなかった場合、積立比率に応じて掛金を拠出する方法（「積立比率方式」といいます）、または、積立比率の回復計画を作成して積立不足を解消する方法（「回復計画方式」といいます）のいずれかを実施する必要があります。なお、非継続基準に抵触して拠出される追加掛金は「特例掛金」といいます

図表3−24　非継続基準の財政検証のイメージ

積立金≧最低積立基準額
（積立比率≧1.0）の場合

| 積立金 | 最低積立基準額 |

積立金＜最低積立基準額
（積立比率＜1.0）の場合

| 積立不足 | |
| 積立金 | 責任準備金 |

積立比率≧0.9かつ
前3事業年度のうち2事業年度で
積立比率≧1.0

基準クリア
（特例掛金拠出不要）

基準に抵触
積立比率方式または回復計画方式
による対応が必要

（図表 3 −24参照）。

(3) 積立上限額にかかわる財政検証

積立上限額とは、給付現価から標準掛金収入現価を控除した数理債務または最低積立基準額のいずれか大きい額を1.5倍した額です。

なお、数理債務は以下の条件で計算した値となります。

① 予定利率は検証基準日の下限予定利率

② 死亡率は加入者については見込まず、加入者以外の者は厚生労働省が示す基準死亡率に0.72を乗じた率

③ その他の計算基礎率については直前の財政決算で用いた計算基礎率

財政決算において、積立金が積立上限額を上回っている場合には、上回った額を基準として掛金の控除を行います。この場合に積立金の金額は、各企業年金で採用している評価方法（時価または数理的評価額）に基づく金額となります（図表 3 −25参照）。

図表 3 −25 掛金の控除額

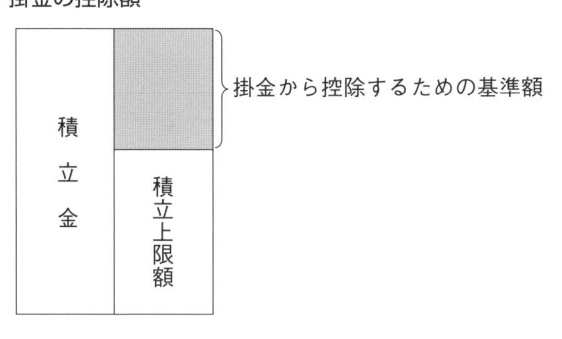

第4節　定期的に行う財政再計算

　年金制度の財政計画は、計算基礎率（予定死亡率、予定利率、予定脱退率、予定昇給率、新規加入者の見込み、など）と財政方式に基づき運営されます。

　毎年度の財政決算で予測値と実績値の乖離を検証しますが、時間の経過とともに徐々に、実績値は予測値から乖離していくものです。

　そこで、年金財政の長期的健全性を図るために、**財政再計算**を行います。財政再計算は、少なくとも5年ごとに実施するよう定められています。計算基礎率を最新のデータに基づいて洗い替え、財政計画（標準掛金率と過去勤務債務の償却方法等）の見直しを行います。

　なお、定期的に行う財政再計算以外に、給付設計の変更、加入者数の大幅な変動、継続基準への抵触等が明らかになった場合に行う掛金計算も財政再計算といいます（第5節参照）。

　財政再計算報告書は、掛金にかかわる規約変更を要する場合には、規約変更の認可（承認）申請書または届書にあわせて厚生労働大臣に提出します。規約変更を要しない場合は、翌事業年度の決算報告書に添付して厚生労働大臣に提出します。

第5節　制度変更等に伴う財政再計算

　確定給付企業年金制度において、掛金率の算定の基礎にかかわる事項に変更が生じたために、財政再計算を行うことがあります。

　具体的には、下記のような事象が発生した場合に行います。

①　継続基準または非継続基準に抵触した場合

②　加入者数が大幅に変動した場合

③　制度の合併または分割を行う場合（その後存続しようとする場合）

④　権利義務の移転・承継があった場合

⑤　給付の変更（年金または一時金の給付設計の変更）があった場合

⑥　過去勤務債務の償却期間を短縮しようとする場合

⑦　その他当該制度に係る事情に著しい変動があった場合

第 **4** 章

人の管理に関する
イベント

■第4章の要点

　第4章では、人の管理に関するイベントについて説明します。確定給付企業年金制度の加入者および受給者を中心に発生する主要なイベントについての解説となります。一般の会社員は入社して加入者になり、退職して受給者になるわけですが、この加入者期間、受給者期間の間に発生するイベントを図解を中心に説明します。

　人の管理に関する業務のなかで重要な機能である掛金計算と給付額計算については、それぞれ節を設けて詳述します。

第4章　人の管理に関するイベント
　第1節　加入者に関するイベント
　　・資格取得のパターンは
　　・給与変更の考え方と管理方法は
　　・掛金中断・復活とは
　　・資格喪失（脱退）時の受給資格判定とは
　第2節　掛金計算
　　・掛金計算の方法は
　第3節　給付額計算業務
　　・受給資格判定と給付額計算の考え方は
　第4節　給付の種類
　　・必須と任意の給付の種類について
　第5節　一時金の給付
　　・一時金の種類は
　　・一時金の税金の算出方法は
　第6節　老齢年金の給付
　　・年金の支給期間・支払方法は
　　・年金受給者に関するイベントの種類は
　　・新規裁定とは
　　・年金額改定とは
　　・支給停止（一時差止め）の方法は
　　・失権とは
　　・年金の税金の算出方法は

会社員は一般的に、会社に入社すると同時に企業年金制度に加入し、掛金の支払を始めます。会社を退職すると、一時金を受給するか、年金の支給開始を待って年金を受給します。そして、死亡または年金支給終了をもって失権します。

　年金制度への加入から失権までの流れは、図表4－1のようになります。

　年金制度に加入し、退職などによって脱退するまでの期間の状態を、「**加入者**」（または「**加入員**」）と呼びます。年金制度の管理者は、各加入者について加入中の異動を管理します。異動には、資格取得、資格喪失、給与変更のほかに、休職（中断・復活）、事業所変更などがあります。加入者は加入中、将来の年金給付の原資となる掛金を拠出します。

　退職すると、一時金の受給資格しかない人は、一時金を受給して年金制度とのかかわりが終了します。

　年金受給資格を有する人は、支給開始日まで待期することになります。この期間の状態を「**待期者**」と呼びます。年金を受給するためには受給者が**裁定請求**を行う必要があるため、年金制度の管理者は待期者に対し、支給開始前に**裁定案内**を送付します。

図表4－1　年金制度への加入から失権までの流れ

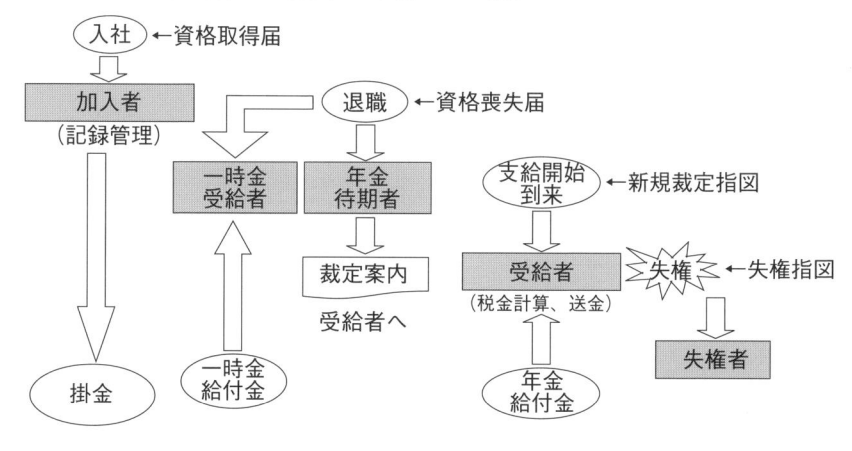

支給開始日が到来し、待期者からの裁定請求が行われると、状態が「受給者」となり、死亡または支給終了年月が到来するまで年金が支払われます。年金受給中は生存確認を行い、生存が確認できない場合は、確認できるまで年金支給が停止されることがあります。また、制度によっては支給期間の途中で年金額の変更を行う場合もあります。

　保証付有期年金または**保証付終身年金**の制度では、保証期間内に受給者が死亡した場合、遺族に残余期間分の年金または一時金が支払われます。

第1節　加入者に関するイベント

　確定給付企業年金制度は、基本部分が存在しないため、加算部分だけを管理します。加算部分は、制度設計により設定できるため、複数の加算部分を設定できます（2階建て、3階建て……N階建て）。確定給付企業年金・加算2階建ての管理方法を、図表4−2に例示します。

　企業年金制度に加入してから脱退するまでのイベントとしては、下記のことがあげられます。

① 資格取得

図表4−2　確定給付企業年金・加算2階建て制度の管理方法

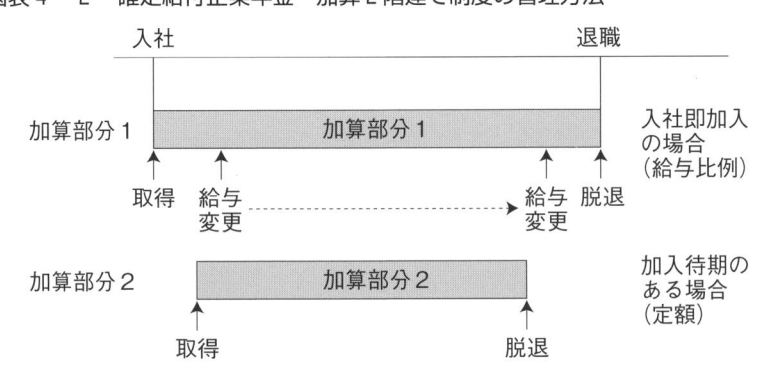

資格取得には、「新規資格取得」「転入」「再加入」というケースがあります。新規資格取得は、入社によってはじめて企業年金実施事業所に勤務することです。転入は、転勤によって、同一基金内の他の実施事業所に勤務することです。再加入は、加入者の資格を喪失した人が、再び同一基金内の事業所に勤務することです。

② 給与変更

　給与変更は、昇給等によって、標準給与またはポイント等を変更することです。

③ 掛金中断

　掛金中断は、休職等により掛金を中断することです。

④ 掛金復活

　掛金復活は、復職により掛金を復活することです。

⑤ 資格喪失

　資格喪失は、加入者が退職または死亡することによって生じます。また、転勤によって、同一基金内の他の事業所に異動したときは、転出（脱退）によって、いったん資格を喪失します。

⑥ その他

　職種変更、加入者番号変更などのイベントがあります。

第1項　資格取得

(1)　新規加入

年金制度に新たに加入することを、新規加入といいます。

　通常は、入社時期が年金制度加入と同じになります。就業規則等で定める退職金の算定対象期間に含まれない期間（試用期間中など）がある場合、加入時期を規約で定めることになります。

　加入時期を待期する場合は、規約の加入要件として、即時加入のほかに、一定年齢到達時、一定期間経過時等を定めることが可能です。また、加入時

図表4-3　新規加入の例

① 年金制度発足後加入の場合

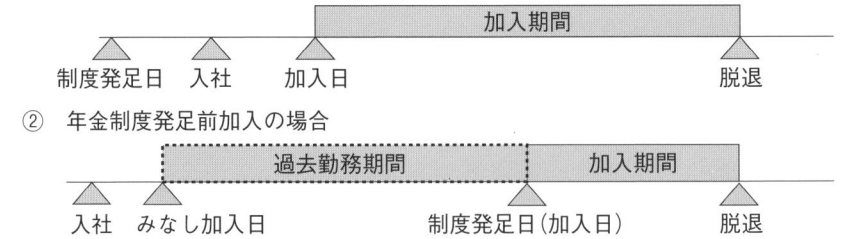

② 年金制度発足前加入の場合

期として、要件充足後の特定日を設定することもできます（たとえば、年1回〇月〇日を加入日とする、など）。

　高齢で入社したため、退職までの期間が受給資格要件を満たさない者は、加入除外者とすることができます。

　企業年金制度発足前に入社した者については、発足から脱退までの期間が短く受給資格を満たさない場合、あるいは年金額が少なくなる場合が発生します。これを救うため、制度発足前の期間を受給資格期間および給付算定期間に含めることを認める制度もあります。その場合には、入社時に制度が発足していたと仮定して求めた加入日をみなし加入日とします。みなし加入日と制度発足日までの期間を過去勤務期間と定義します（図表4-3参照）。

⑵　再 加 入

　年金制度を一度脱退し、再び制度に加入することを再加入と呼びます。再加入前後の加入期間は、規約の要件として、合算する場合と合算しない場合の設定があります（図表4-4①参照）。

⑶　転出・転入（事業所変更）

　同一企業内の異なる事業所に移る場合、転出（脱退）、転入（加入）の手続が行われます（図表4-4②参照）。

図表4－4　再加入／転出・転入の例

① 再加入（同一制度に再び加入）

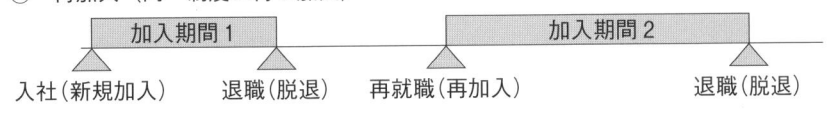

入社（新規加入）　退職（脱退）　再就職（再加入）　退職（脱退）

② 転出・転入（同一制度の他事業所に異動）

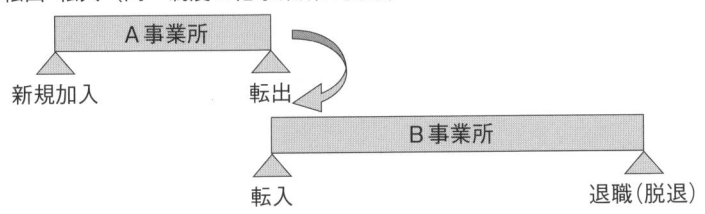

転出届は異動元の事業所が、転入届は異動先の事業所が、それぞれ作成します。そのため転入届が転出届より先に提出されることもあります。

転出・転入とともに、掛金負担先の事業所が変更となります。

第2項　給与変更

年金制度では、掛金額および給付額を決定する要素として、給与があります。定額制として、1人当り一定額を拠出し、加入期間によって給付額を決定する制度の場合は、給与の管理は不要です。しかし、一般的には給与比例制をとっている年金制度が多く、給与の管理が必要となります。

加入者の給与が変更になると、給与変更届によって、掛金額および給付算定用給与が変更されます。**給付算定用給与**とは、給付額計算に使用する給与であり、平均給与、累計給与、最終給与、最高給与などがあります。

ポイント制を採用している場合には、給与のかわりにポイントを管理します。

給与変更時期が決まっている委託者については、事前に**ターンアラウンド帳票**を提供し、定期的にデータの更新を行うサービスを行っているケースも

図表4−5　標準報酬月額を採用した場合の給与変更の例

① 定時決定（算定基礎届）

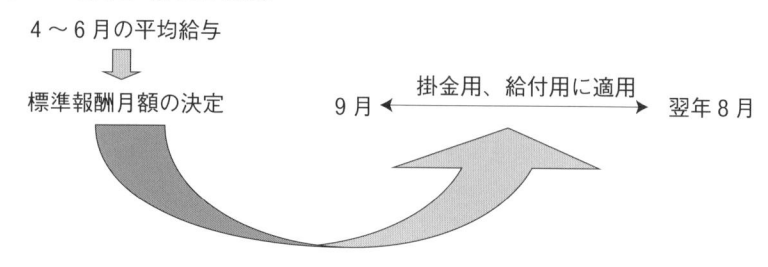

4〜6月の平均給与

標準報酬月額の決定　　　9月 ← 掛金用、給付用に適用 → 翌年8月

② 随時改定（月額変更届）
　　直近3カ月の標準報酬月額が、従前の標準報酬月額と2等級以上変わった場合に改定する。
　【例】　標準報酬月額が30万円（19等級）から34万円（21等級）に変動した場合、翌月から適用する。

あります。

　標準報酬月額を採用した場合は国の厚生年金保険と同様の規定になり、定時決定と随時改定が存在します（図表4−5参照）。定時決定は、4月、5月、6月の平均給与によって**標準報酬月額**の等級を決定し、9月から翌年8月まで適用するものです。随時改定は、定時決定で決定された標準報酬月額の等級が、2等級以上変わった場合に改定を行うものです。

　現行（2017年9月1日適用）の標準報酬月額表を図表4−6に示します。

第3項　掛金中断・復活

　加入者が都合により休職する場合、中断届によって掛金の拠出を中断することができます（**掛金中断**）。また、復職時には復活届によって掛金拠出を復活させます（**掛金復活**）。中断から復活までの期間を中断期間（休職期間）と呼びます。受給資格判定用の期間、給付額計算用の給付算定期間としては、規約により中断期間をすべて控除する場合と、休職事由により一定割合を控除する場合があります（図表4−7参照）。

図表4−6　厚生年金保険　標準報酬月額表—2017年9月1日適用

等級	標準報酬月額（千円）	標準報酬		等級	標準報酬月額（千円）	標準報酬	
		千円以上	千円未満			千円以上	千円未満
1	88		93	16	240	230	250
2	98	93	101	17	260	250	270
3	104	101	107	18	280	270	290
4	110	107	114	19	300	290	310
5	118	114	122	20	320	310	330
6	126	122	130	21	340	330	350
7	134	130	138	22	360	350	370
8	142	138	146	23	380	370	395
9	150	146	155	24	410	395	425
10	160	155	165	25	440	425	455
11	170	165	175	26	470	455	485
12	180	175	185	27	500	485	515
13	190	185	195	28	530	515	545
14	200	195	210	29	560	545	575
15	220	210	230	30	590	575	605
				31	620	605	

第4項　資格喪失（脱退）

　定年退職などの事由によって会社を退職すると、年金制度からも脱退することになります（資格喪失届を提出）。制度脱退時には受給資格判定および給付額計算が行われます。

　受給資格判定は、加入期間、脱退事由などに基づいて行われ、無支給、一時金受給資格、または年金受給資格に分かれます（図表4−8参照）。

図表 4 − 7　掛金中断・復活時の受給資格判定用の期間

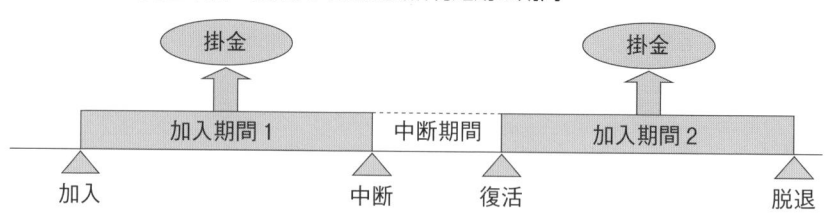

① 中断期間を控除する規約の場合
　　受給資格判定用期間＝加入期間 1 ＋加入期間 2
② 中断期間を一部控除する規約の場合
　　受給資格判定用期間＝加入期間 1 ＋加入期間 2 ＋中断期間×n ％
③ 中断期間を控除しない規約の場合
　　受給資格判定用期間＝加入期間 1 ＋加入期間 2 ＋中断期間

図表 4 − 8　脱退時の受給資格判定の例

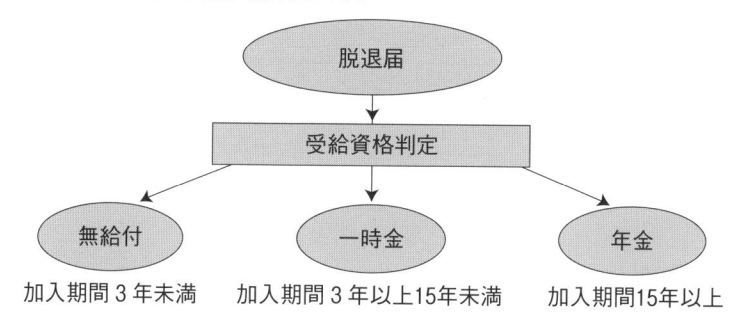

　年金受給資格または一時金受給資格がある者へは、年金制度側から給付額計算書等を通知します。この通知に対して裁定請求がなされるまでは、未裁定待期者として管理します。

　年金受給資格を得る前に退職した中途脱退者（脱退一時金の受給権をもつ者）の場合は、一時金を受け取らず、脱退一時金相当額を転職先の企業年金制度または企業年金連合会等へ持ち込む（移換する）ことができます。転職後の企業年金制度または企業年金連合会等に通算して、将来年金として受け取ることができます（ポータビリティーの説明は、第 1 章第 4 節第 2 項参照）（図表 4 − 9 参照）。

図表 4 － 9　企業年金のポータビリティー

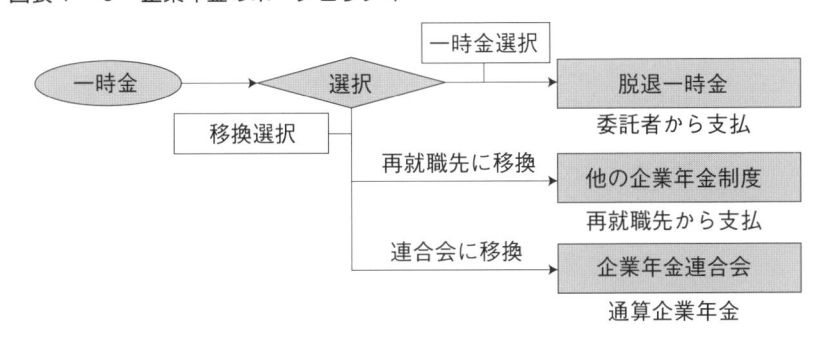

第2節　掛金計算

　年金制度において事業主は、年金給付および一時金給付に要する費用に充てるために、掛金を拠出しなければなりません。掛金は事業主負担を原則とし、本人拠出は、年金規約で定める場合に、加入者本人の同意を前提として拠出可能となります。

　掛金は一定時期に（通常毎月）拠出しなければなりません。掛金額の計算方法には、給与比例または定額があります。給与比例の場合は、基準日時点の現在加入者の給与に掛金率を乗じて求めます（図表 4 －10参照）。定額の場合は、1 人当りの額によって決定されます。

　通常は異動のあった月から掛金の拠出に反映されます。ただし、企業によっては、給与支払対象期間が 1 日から月末ではなく、たとえば15日から翌月14日を 1 カ月とする場合があります。この場合に、対象期間内の異動を何月からの掛金に反映するかを管理する必要があります（図表 4 －11参照）。

　異動の種類によって、資格取得については加入した当月から拠出する、資格喪失については脱退した翌月から掛金を拠出しないなど、掛金反映時期を設定することができます。

図表 4 −10　掛金計算の例（給与比例）

・前月末（3月）給与累計：100万円
・当月異動は下記のとおり
　　加入者A：4月取得（給与1万円）
　　加入者B：4月給与変更（給与2万円から4万円に変更）
　　加入者C：1月資格喪失（給与1万円）2月、3月分過払い

当月末給与累計＝102万円

（100万円＋1万円＋2万円−1万円）

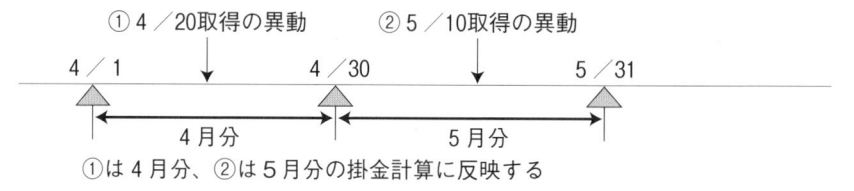

掛金額＝当月掛金額＋遡及分掛金額
　当月掛金額＝102万円×掛金率
　遡及分掛金額＝（−1万円×掛金率）×2カ月

図表 4 −11　掛金計算における賃金月度（異動日と掛金反映月）

例1　通常の場合（1日から月末までを1カ月として扱う場合）

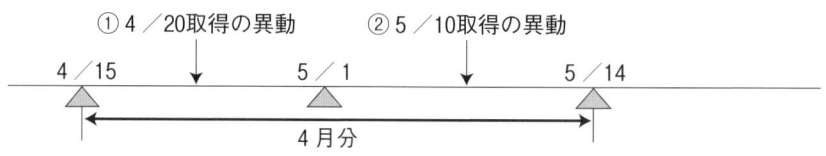

①4／20取得の異動　　②5／10取得の異動

4／1　　　　　　　　4／30　　　　　　　　5／31

4月分　　　　　　5月分

①は4月分、②は5月分の掛金計算に反映する

例2　15日から翌月14日までを1カ月として扱う場合

①4／20取得の異動　　②5／10取得の異動

4／15　　　　　　　　5／1　　　　　　　　5／14

4月分

①、②とも4月分の掛金計算に反映する

　掛金計算を企業年金の総幹事会社が行う場合、掛金計算結果として下記のような帳票を委託者に還元します。

・納付書（掛金額を事業所に告知する）

・掛金増減計算書（納付額の明細書）

・加入者異動記録明細表（当月分掛金計算対象の異動明細）

・掛金口座引落依頼書（掛金収納を口座振替で行う場合の金融機関への依頼書）

　掛金の種類については、「第3章第2節　新規設立のための掛金計算」で説明しています。

第3節　給付額計算業務

　給付額照会、指図書のチェックのために、規約および加入者の記録に基づいて**給付額計算**を行います。また、脱退などによって受給権が発生すると、年金額（一時金額）を管理し、受給権者宛に通知するために、加入者の異動届に基づいて給付額計算を行う必要があります。

　給付額計算では、まず受給資格の判定を行い、年金額または一時金額の計算を行ったうえで、給付額計算書、請求案内などを作成します。

　受給資格判定は、対象となる加入者に年金または一時金の受給資格があるかどうかの判定を行うことです。通常は**加入期間**によって要件が決定されます。たとえば、加入期間が3年未満は無給付、3年以上15年未満は一時金、15年以上は年金と規約で定めます。

　受給資格判定用の要素には、下記のものがあります。

・年齢（確定給付企業年金では年金要件として年齢がある）

・加入期間

・資格喪失事由（懲戒解雇は受給資格なし、など）

・経過措置に関する情報（特定時期の加入者の状態、再加入の有無、年齢、受給権の有無など）

　年金額（一時金額）の計算方法は、資格喪失事由、加入期間、経過措置、本人の希望（支給開始日、支給期間の選択）などによって、複数の計算方法があります（図表4－12参照）。

図表4－12　受給資格判定と給付額計算式の例

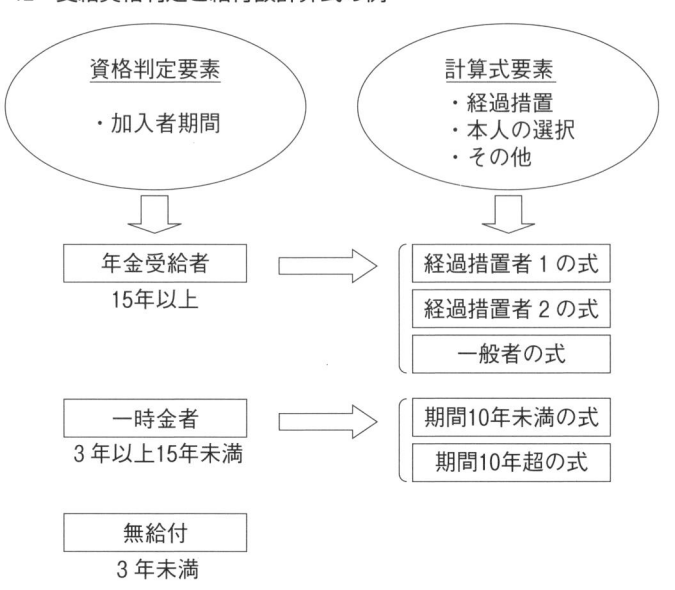

　通常、年金額（一時金額）は、「**給付算定用給与×給付乗率**」という計算式で求められますが、国の厚生年金保険の総報酬制導入等による「分かち計算」、制度変更に伴う「丈比べ」などの複雑な計算機能も必要となります。

第4節　給付の種類

　確定給付企業年金制度では、図表4－13に掲げる給付を行うことになっています。

　また、規約で定めるところにより、図表4－13に掲げる給付に加え、図表4－14に掲げる給付を行うことができます。

図表4−13　必須で設ける給付の種類

給付の種類	支給の形態
老齢給付	年金として支給。 規約でその全部または一部を一時金として支給することができることを定めた場合には、一時金でも支給可。
脱退一時金	一時金として支給。

図表4−14　任意で設けることができる給付の種類

給付の種類	支給の形態
障害給付	規約で定めるところにより、年金または一時金として支給。
遺族給付	規約で定めるところにより、年金または一時金として支給。

第5節　一時金の給付

第1項　一時金の種類

　一時金には、脱退一時金（退職一時金）、選択一時金、遺族一時金の3種類があります（図表4−15参照）。

(1)　脱退一時金（退職一時金）

　加入者が退職によって年金制度から脱退する際、**加入期間**が短いために年金受給資格がない場合には、**脱退一時金**を支給します。年金または一時金の受給資格は、各年金制度が規約で定めています。

(2)　選択一時金

　保証付有期年金または保証付終身年金においては、規約に定めがあり本人が希望して、年金のかわりに一時金を受け取ることを選択した場合、現価相

図表 4 -15　一時金の種類の例

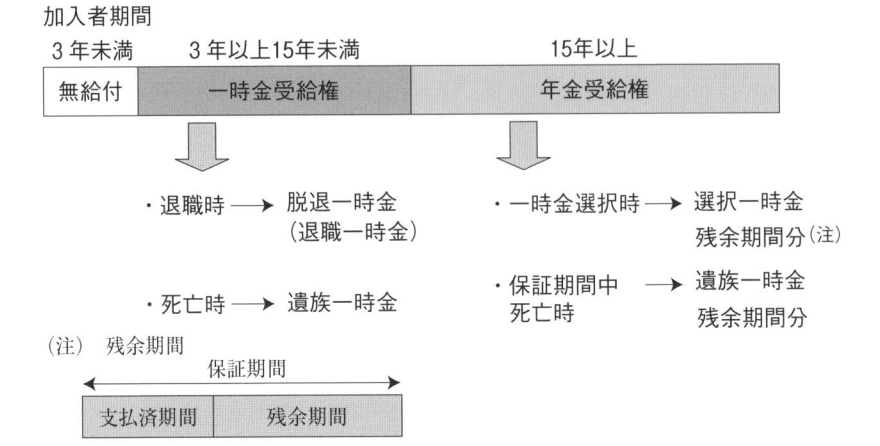

加入者期間

3 年未満	3 年以上15年未満	15年以上
無給付	一時金受給権	年金受給権

・退職時 ⟶ 脱退一時金
　　　　　　　（退職一時金）

・死亡時 ⟶ 遺族一時金

・一時金選択時 ⟶ 選択一時金
　　　　　　　　　　残余期間分(注)

・保証期間中 ⟶ 遺族一時金
　死亡時　　　　残余期間分

(注)　残余期間

保証期間

支払済期間	残余期間

図表 4 -16　選択一時金と年金現価

　年金現価とは将来支給される年金額を一つ一つ計算基準における価値で評価し、それを足しあげたものをいう。

　実務では、年金額に支払期間に応じた年金現価率を乗じて求める。

例：毎年 2 ％で運用、年 1 回100万円支払の場合の選択一時金（年金現価）

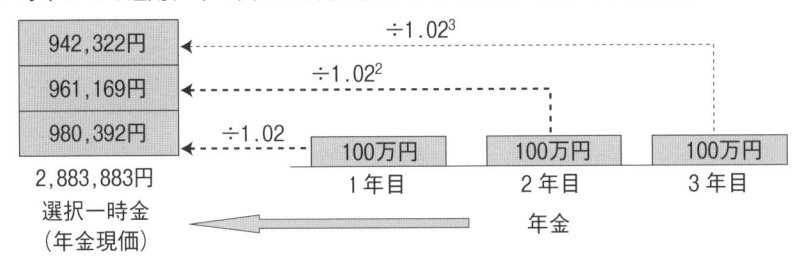

当額を一時金として支給します。現価相当額は図表 4 -16のような考え方で計算されます。

　規約に基づいて、一部を選択一時金、残りを年金として受給することもできます。

　選択一時金は、脱退時、または脱退後の年金受給中、いつでも選択ができます。年金受給中に選択一時金を選択すると、残余期間分の金額が支給され

ます。

(3)　遺族一時金

　加入者が加入中に死亡した場合、または受給中の保証期間中に死亡した場合、保証期間の残余期間分が遺族に支給されます。これを**遺族一時金**と呼びます。

第2項　税　　金

　退職を起因とする一時金には、退職所得としての税金がかかります（52頁図表2－13参照）。所得税、地方税ともに、支払時に源泉徴収されます。

　所得税は次の計算式で求められます。

　　所得税額＝退職所得×税率－控除額

　　退職所得＝（税込みの退職金額－退職所得控除額）÷2

　　──退職所得控除額は、

　　　　勤続年数が20年以下の場合、40万円×勤続年数

　　　　勤続年数が20年超の場合、800万円＋70万円×（勤続年数－20）

　　　　※勤続年数1年未満は1年へ切上げ

　退職所得控除を受けるためには、「退職所得の受給に関する申告書」を提出する必要があります。提出がない場合は、一律20％の税率で源泉徴収されます。

　遺族一時金の場合は課税されませんが、相続税の対象となります。

第6節 老齢年金の給付

第1項 年金の支給期間・支払方法

年金の受給資格を有する者は、規約で定められた支給期間の間、年金を受け取ります。年金の支給期間および支払方法には、下記の種類・方式があります。

(1) 支給期間
支給期間には、次の4種類があります。

① **保証付終身年金**

保証期間内は受給者の生死にかかわらず年金が支払われ、保証期間終了後は受給者が生存している間、支払われます。

② **終身年金**

受給者が生存している期間内だけ年金が支払われます。

③ **保証付有期年金**

保証期間内は受給者の生死にかかわらず年金が支払われ、以降有期期間（あらかじめ定められた一定期間）内は受給者が生存している間、支払われます。

④ **有期年金**

有期期間（あらかじめ定められた一定期間）内、受給者が生存している間、年金が支払われます。

(2) 支払方法
年金の支払は、規約で定められた方法で年間の支払回数と支払月が決定されます。支払月を支払期月と呼び、通常その前月までの分が支払われます。

この定例支払月に支払う額を各期支給額といいます。また、年金給付指図後、初めて到来する支払期月を初回支払年月といい、この時に支払う額を初回支給額といいます。

　年金の初回支払は、受給者からの指図書提出の時期によって、支払期月を経過する場合があり、この支払期月を経過した支払分を遡及分（未支給給付）といいます。遡及分の年金は、次のどちらかの方式で支払います。

① **随時支給方式**

　遡及する支払分については、一定の日を決めずに随時に支払う。

② **初回支給方式**

　遡及する支払分を初回支給として、次の定例支払期月を待たずに毎月の一定日に支払う。

　年金支払方法の例を図表4－17に示します。

図表4－17　年金支払方法の例

年2回（支払期月：2月、8月）、支給開始：5月
年金月額を1万円とした場合

① 指図の遅れがない場合

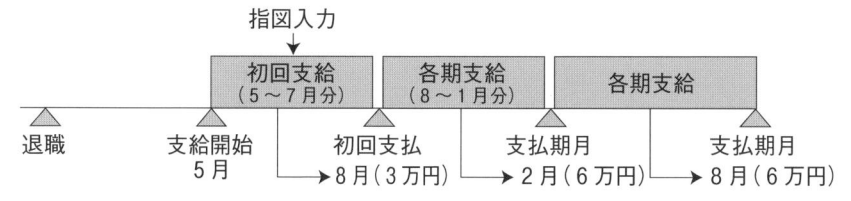

② 指図の遅れの場合

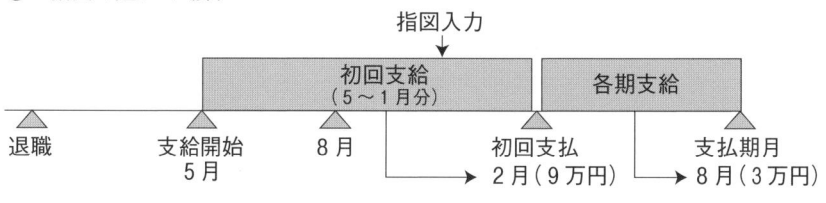

第2項　年金受給者に関するイベント

　受給者に関する主なイベントとしては下記のものがあります（図表4−18参照）。

・新規裁定
・年金額改定
・支給停止・支給停止消滅
・失権
・現況確認

　年金は、新規裁定（年金給付指図）によって支給が開始され、死亡または支払期間満了によって失権するまで支給されます。

　年金受給中は毎年、生存確認を行い（現況確認）、生存が確認されない場合は支給が停止されます（差止め）。生存が確認されれば、差止めは解除されます。

　制度によっては、年金額の改定が行われる場合もあります（年金額改定）。

　保証付年金の場合で、保証期間内に受給権者が死亡した場合は、残余期間分が遺族に対し遺族年金または遺族一時金として支払われます。

図表4−18　年金支給開始から失権までの主なイベント

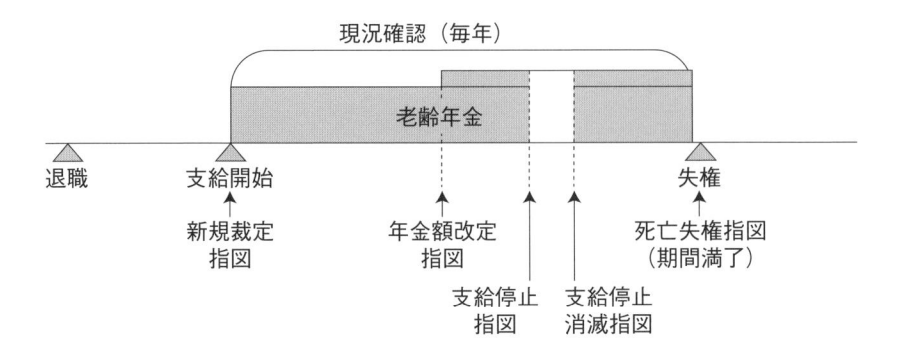

第3項　新規裁定

　年金の給付を受けるためには、年金の**裁定**手続が必要となります。年金額は、受給権者からの請求に基づき裁定した時点で確定します。

　年金の裁定を行う時期は、退職時（退職時裁定）と支給時（支給時裁定）があります（図表4－19参照）。

　退職時裁定の場合は、退職時に指図書を提出し、受給権および支給額が確定します。退職から支給開始まで待期になる場合は、支給開始時期到来までは支給停止の状態となり、別途支給開始指図書を提出することで停止状態から受給中に変わります（図表4－19①参照）。

　支給時裁定の場合は、退職したのち支給開始までは未裁定待期者となります。支給開始時に年金給付指図書によって受給者となり、支給が始まります（図表4－19②参照）。

図表4－19　新規裁定

① 退職時裁定の場合

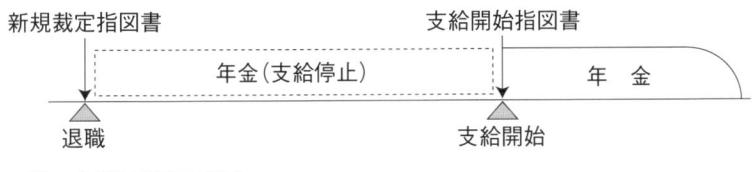

② 支給時裁定の場合

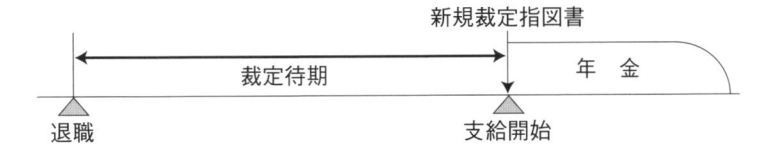

第4項　年金額改定

年金額改定は、年金支給開始後に年金額を変更することです。

図表 4 −20　年金額改定の例（65歳で減額）

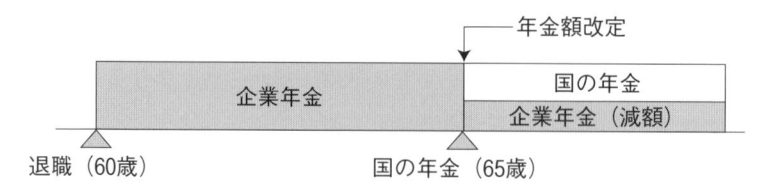

　たとえば、退職から国の年金の支給が開始されるまでの間、所得保証のため、高い年金額を設定し、国の年金が開始される時（通常65歳）から減額支給することも可能です（図表 4 −20参照）。

　年金額改定の方法、改定時期、改定割合などは、年金制度の規約で定めます。

　改定時期には、特定年齢到達時、特定期間経過後、毎年 n 月、 n 年ごと、などの決め方があります。

　改定方法は、スライド方式、定額の加算・減算があります。

第 5 項　支給停止（一時差止め）

　年金受給者に対し、年に一度、誕生月等に現況確認を行い、生存していることを確認します。生存が確認できない場合は、支給停止指図書によって年

図表 4 −21　支給停止（一時差止め）

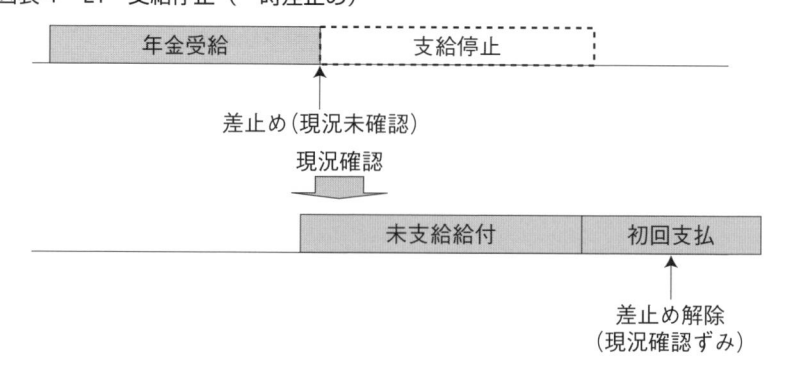

金を停止します。その後、生存が確認された場合には、**支給停止消滅指図書**により年金の支払を再開します（図表4－21参照）。

　2013年4月より企業年金連合会から住基ネットの現況情報の提供が始まりました。この情報を利用することで、現況確認を実施している年金制度の管理者もいます。

第6項　失　　権

　失権とは、受給資格を喪失することです。死亡による失権、期間満了による失権、および選択一時金取得による失権があります（図表4－22参照）。

　終身年金の場合には、死亡によって失権となります。有期年金の場合には、支払期間中の死亡、または支払期間満了によって失権となります。また、保証付年金の場合には、年金にかえて一時金として受け取ることも可能であり、全額一時金で受け取った場合は失権となります。

　年金は、支払期月に前月までの分が支払われるため、死亡時期によって

図表4－22　失　　権

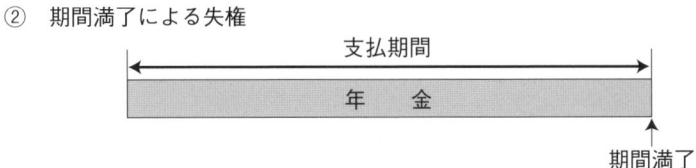

①　死亡による失権

②　期間満了による失権

図表4－23　未支給給付金の例

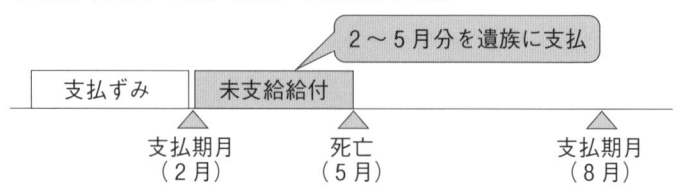

年2回（2月、8月）支払、5月死亡の場合

は、本来死亡した人が受け取ることができるはずの年金が残っている場合が
あります。その分は未支給給付金として遺族が受け取ることができます（図
表4－23参照）。

第7項　税　　金

　年金の種類ごとの税金については、51頁図表2－12「年金の税金種類等」
で説明したとおりです。

　ここでは、老齢年金に係る「公的年金等の雑所得」に対する税金算出方法
について説明します。確定給付企業年金制度では、「公的年金の受給者の扶
養控除等申告書」を提出して、基礎控除、配偶者控除、扶養親族控除等の各
種控除を受けるということはできません。

$$源泉徴収税額 = （年金の支給額^{(注1)} - 控除額^{(注2)}）\times 10\% \times 1.021^{(注3)}$$

$$= （年金の支給額 - \underline{年金の支給額 \times 25\%}）\times 10\% \times 1.021^{(注3)}$$

円未満切上げ

円未満切捨て

→年金の支給額×7.6575%相当額

(注)　1　受給者が負担した加入者拠出金がある場合は、年金の支給額から受給者が負担
　　　　した拠出金に相当する金額を控除した残額。
　　　2　控除額：年金の支給額×25%
　　　3　2013〜2037年まで復興特別所得税2.1%が上乗せで徴収。

第 5 章

年金資産の管理に関するフロー
制度設計、人の管理と関連するもの

■第5章の要点

　第5章では、年金資産の管理に関するフローについて解説します。委託者から拠出された掛金が、受託者においてどのように資産運用されているか、その資産の管理方法はどうなっているかということです。

　委託者と受託者、その他関係する組織との年金資産の流れを、主要な異動種類をあげて説明します。

第5章　年金資産の管理に関するフロー
　第1節　資産管理方法
　　・掛金シェアと給付シェアの考え方は
　　・ファンドの概要は
　第2節　受託形態
　　・総幹事制とは
　第3節　資産管理に付随する業務
　　・資金決済の方法は
　　・決算報告の内容は
　　・信託報酬の種類は
　第4節　資金異動の種類
　　・元本異動・拠出金とは
　　・元本異動・給付金とは
　　・企業年金連合会との移換金・受換金とは
　　・制度間の移換金・受換金とは
　　・移受管金とは
　第5節　資産運用方法
　　・どのような資産運用方法があるのか

企業年金制度では、人（加入者・受給者など）の管理や資産運用管理などの業務を信託銀行、生命保険会社、またはJA共済連に委託しています。どの機関に委託している場合でも、業務の流れは基本的に同じなので、ここでは信託銀行に委託している場合を中心に説明を進めます。

　年金資産管理に関する業務・情報・金のフローの概要は、図表5－1のよ

図表5－1　年金資産管理に関するフローの概要

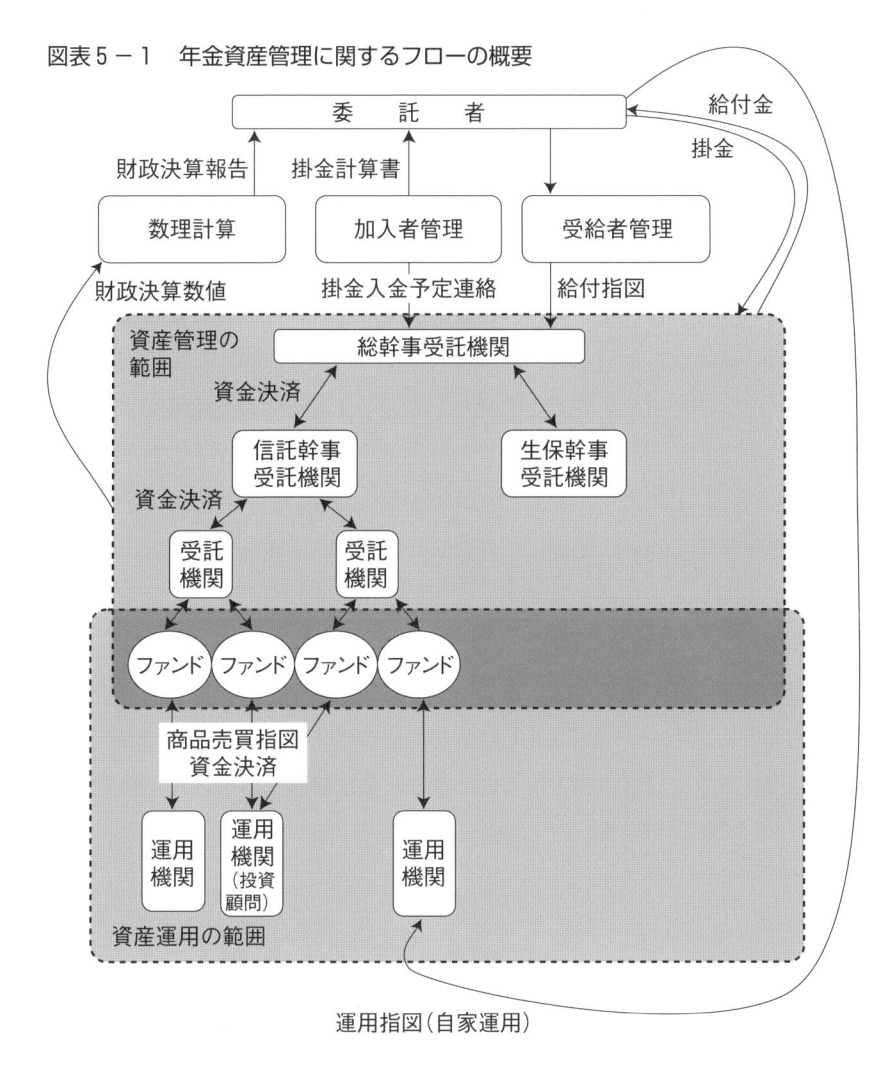

運用指図（自家運用）

うになります。

年金制度に属する加入者が拠出する掛金は、信託銀行の加入者管理システムで計算されます。年金制度**委託者**は加入者から拠出された掛金を、信託銀行の営業店などを通じて払い込み、各委託者が設定するファンドごとに資産運用します。

資産運用方法としては、複数委託者からの拠出金を合同で運用する**年金投資基金信託**（合同口）と、有価証券等で直接運用する直接投資があります。実際には大半が、年金投資基金信託によって運用されています。スケールメリット、リスク分散といった面で有利だからです。

資産運用の状況は、月次・決算半期・決算日など、制度に応じて設定された期間ごとに委託者にディスクローズ（開示）します。

年金受給者に支払う給付金は、年金制度委託者が信託銀行に給付事務委託を行っている場合、信託銀行の受給者管理システムで計算され、運用されているファンドごとの年金資産を現金化して、委託者または受給者宛に送金します。

信託銀行は、上記のような業務代行の手数料および資産管理の手数料を委託者から徴求するため、半期に一度報酬計算を行い、委託者の指図によってファンド資産から引き落とします。委託者の業務経理から支弁される場合もあります。

年金制度委託者は1年を超えない範囲で決算報告を行う必要があります。その決算時期に合わせて信託銀行は、年金資金の入出金状況および各ファンドの運用状況を委託者に報告するとともに、**数理計算**業務受託機関に財政決算数値として報告します。

第1節　資産管理方法

　事業主および**加入者**から拠出された掛金は、委託者である確定給付企業年金などが定めたシェアに従って各受託機関のファンドに配分され、管理・運用されます。また、受給者への年金・一時金など給付金の発生に伴い、各受託機関が管理しているファンドの運用商品から必要額を現金化し、委託者へ支出します。これもシェアに従って行われます。**掛金シェア**と**給付シェア**は、以前は同一のものを使用していましたが、1990年のシェア分離によって、それぞれ個別に設定できるようになりました。

　シェアは、受託機関の運用成績や資産配分の見直しに伴って、委託者が任意に変更できます。掛金シェアと給付シェアが同一の場合は、シェアの変更とともに、ファンド間の管理資産の異動もあわせて行います。

　近年、シェアを1ファンドに100％設定し、ファンド間の資産の異動は、掛金・給付の発生によらず、個別に委託者が指示を与える方法を採用する場合も多くみられます。その理由は、給付金の支出ごとに運用商品を現金化する際の差損を抑えるためです。

　また、ファンド間の資産の異動は、以前は現金でのみ行われていましたが、1999年から現物のままでの異動が認められるようになっています。

　各受託機関が年金資産を管理・運用するファンドは、制度によって多少の違いはあるものの、おおむね図表5－2のように設定されています。

　かつては、各受託機関が管理・運用するファンドは、一委託者につき1つだけでした。しかし1990年に、自主運用規制が緩和され、運用拡大（**投資顧問会社**との**年金投資一任契約**締結など）が認められたことに伴って、複数ファンドの管理・運用が可能となりました。

図表5−2　運用機関におけるファンドの概要

運用機関	契約形態	資産運用形態	運用規制	配当形式
信託銀行	年金信託	単独運用合同運用	なし	・実績配当 ・資産の含みはファンドに帰属
生命保険会社	一般勘定	合同運用	3・2・2規制あり	・最低の利回り保証あり ・資産の含みは委託者に帰属しない
	第一特約	合同運用	なし	・実績配当 ・資産の含みはファンドに帰属
	第二特約	単独運用	なし	・実績配当 ・資産の含みはファンドに帰属
金融商品取引業者	投資一任契約	単独運用	なし	・実績配当 ・資産の含みはファンドに帰属
自家運用	特定信託	単独運用	なし（運用要件を満たす場合）	・実績配当 ・資産の含みはファンドに帰属

第2節　受託形態

　拠出・給付に伴う委託者と各受託機関の資金の異動や、委託者の指図による**受託者**間の資産異動を、委託者が各受託機関と直接行うと、委託者側の事務負荷が大きくなります。そこで通常、受託機関の業態ごとに信託幹事・生保幹事などの**業態幹事**を設定し、さらに委託者と受託機関の窓口として業態幹事のうちの1つを**総幹事**に設定します。これを**総幹事制**と呼びます。

　確定給付企業年金における受託形態の例を図表5−3に示します。

　資金異動の**窓口幹事**は、多くの場合、加入者・受給者管理や数理計算業務を受託する総幹事と同一の受託機関を設定しますが、必ずしも一致していな

図表5-3　確定給付企業年金における受託形態例

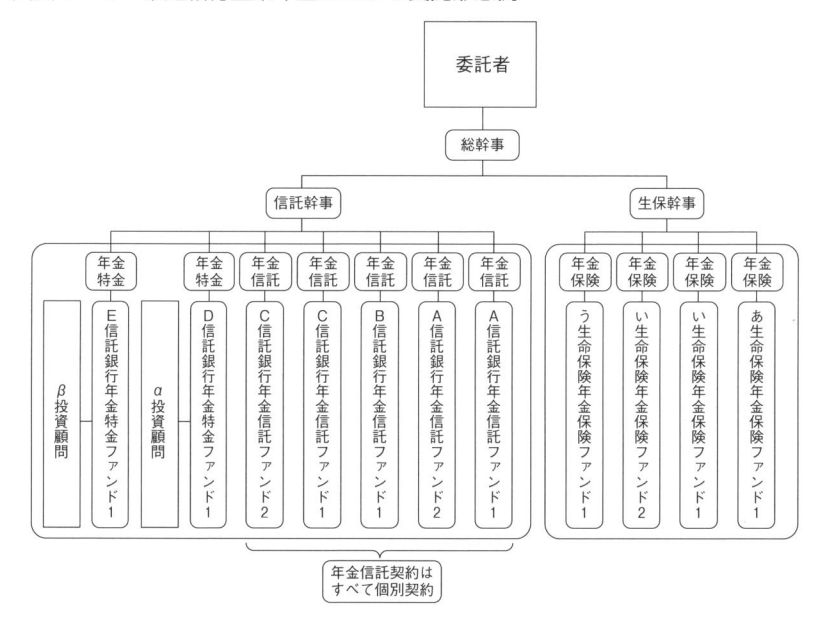

くてもかまいません。業態幹事でない受託機関が総幹事を受託することも可能です。さらにいえば、幹事業務を受託するにあたって、資産の受託機関である必要もありません。

　比較的小規模の委託者の場合には、単独の受託機関に資産を委託する場合も少なくありません。委託者によっては、総幹事制を採用せず、委託者自身が資金配分計算を行い、各受託機関と直接資金の異動を行う場合もあります。

　総幹事制を採用しているにもかかわらず、資金異動の窓口幹事を経由しないで資金異動を行う場合もあります。

　第2章第3節第2項で述べたとおり、近年はマスタートラストの考え方から、資産の運用と管理を分離する方式が浸透してきました。そのため、ファンドの運用指図機関を頻繁に変更する委託者もいるため、資産管理機関のシステムでもそれに合わせた対応が必要となっています。

第3節　資産管理に付随する業務

第1項　資金決済

　事業主および加入者から拠出された掛金、年金受給者への給付金は、シェアに従って、受託機関のファンドごとに配分・請求されます。その決済方法は制度や受託形態によって異なりますが、基本的には図表5−4のように、委託者と**受託者**間における資金決済通知に基づいて決済が行われます。

　まず総幹事が、信託銀行・生命保険会社など業態ごとのシェアに基づき、各業態分の資金を按分します。この各業態分の資金が、総幹事から業態幹事に決済されます。

　信託幹事は信託分について契約ごとにシェア按分を行い、ファンドごとの決済額を決定します。

　信託幹事から各受託機関への資金決済通知は、確定給付企業年金では年金信託契約はすべて個別契約のため**個別資金決済**となり、年金特定契約部分も含め、**DDX**（Digital Data eXchange：NTTのデータ通信回線）を通じた電子データ通知が行われています。

　確定給付企業年金では、業態間の決済通知である生保幹事と信託幹事間についても電子データ化が行われています。

　信託銀行の受託者間や信託業態・生保業態間でも電子データ決済通知が行われています。ただし、受信・送信受託機関がそれぞれ電子データネットワークに事前に加盟している必要があります。また、通知日から決済日まで一定期間が必要とされ、決済通知の取消や訂正データの通知には制約があります。

　上記のように、受託者間の資金配分計算は、委託者単位に行われます。受託者間の資金決済は、年金制度種類、決済日、資金種類、決済方法、契約種

図表 5 - 4　委託者と受託者間における資金決済通知

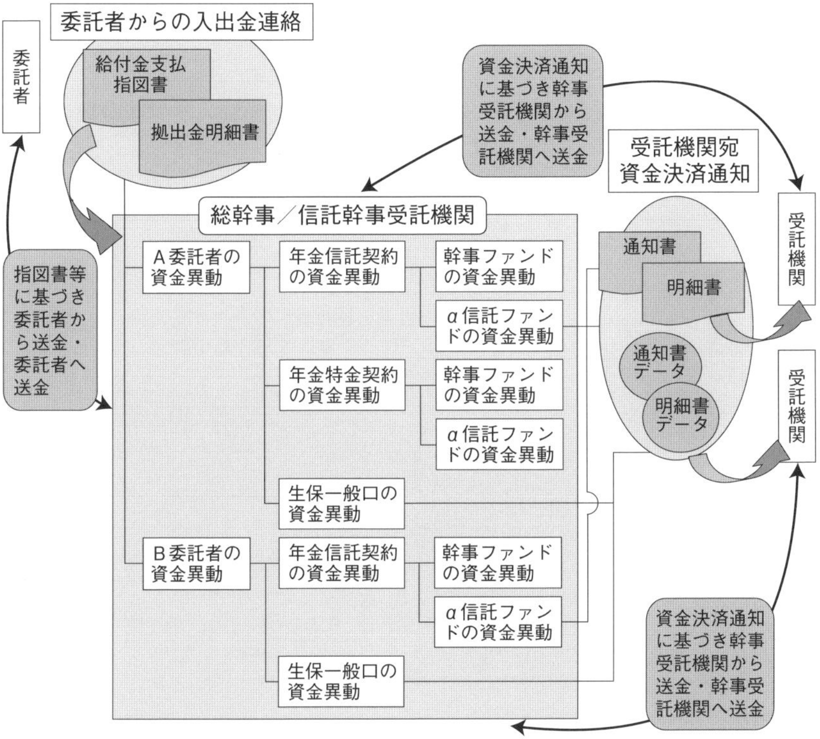

類などあらかじめ定められた条件が一致する場合、複数委託者の資金異動額をネットした金額で行われます。

　受託者間の資金決済手段としては、内国為替システムによる為替決済、手形交換決済などが用いられています。

第 2 項　決算報告

　受託機関は、委託者から受託している**年金資産**の運用管理について、年 1 回決算報告を行います。経理基準は、確定給付企業年金では**約定主義**（**発生主義**）・**時価会計**、非適格退職年金では**受渡主義**（**現金主義**）・**簿価会計**となっ

ています。

　決算日は、確定給付企業年金の場合は任意の日をとることができます。また、1年を超えない範囲で決算日を任意に変更することができます。

　決算報告は、確定給付企業年金の場合、年金信託契約、年金特金契約いず

図表5－5　決算報告書（貸借対照表・損益計算書）

貸借対照表

資　　産	前期末		当期末	
	xx年xx月xx日現在	構成比	xx年xx月xx日現在	構成比
国内債券計				
国内株式計				
外国債券計				
外国株式計				
未収金				
外貨未収金				
合　　計				

負　　債	前期末		当期末	
	xx年xx月xx日現在	構成比	xx年xx月xx日現在	構成比
信託元本				
信託利益				
仮受金等				
合　　計				

れも個別契約であることから、各受託機関が契約単位の決算報告を行っており、受託機関をまたいだ取りまとめ報告は行っていません。ただし**幹事受託機関**は、年金信託契約、年金特金契約の経理補足資料を取りまとめて委託者宛に報告しています。

損益計算書

利　益	前期　自xx年xx月xx日 至xx年xx月xx日		当期　自xx年xx月xx日 至xx年xx月xx日	
国内債券計				
国内株式計				
外国債券計				
外国株式計				
雑益				
合　計				

費　用	前期　自xx年xx月xx日 至xx年xx月xx日		当期　自xx年xx月xx日 至xx年xx月xx日	
信託報酬				
投資顧問料				
合計				
信託利益				

この年金信託契約、年金特金契約の**副受託機関**から幹事への決算報告は、DDXを通じて電子データで行っています。

　決算報告書は、貸借対照表、損益計算書、元本増減明細表、付表の４つで

図表５－６　決算報告書（元本増減明細表）

元本増減

項　　目	年金信託		年金指定単	年金特金
	前期　自xx年xx月xx日 　　　至xx年xx月xx日	当期　自xx年xx月xx日 　　　至xx年xx月xx日	前期　自xx年xx月xx日 　　　至xx年xx月xx日	当期　自xx年xx月xx日 　　　至xx年xx月xx日
前期末信託元本残高				
期 中 増 減 額				
当 期 増 加 額				
当 期 減 少 額				
当期末信託元本残高				

元本増減内訳

項　　目		制度全体		年金信託	
		前期　自xx年xx月xx日 　　　至xx年xx月xx日	当期　自xx年xx月xx日 　　　至xx年xx月xx日	前期　自xx年xx月xx日 　　　至xx年xx月xx日	当期　自xx年xx月xx日 　　　至xx年xx月xx日
増加額	掛　　　　　金				
	合　　　　計				
減少額	年 金 給 付 費				
	合　　　　計				

構成されます（図表5－5、図表5－6参照）。

第3項　信託報酬

委託者から受託機関へ支払われる報酬には、制度管理業務に伴うものと、運用管理業務に伴うものがあります。**制度管理業務**とは、加入者管理や受給者への年金支払など年金制度管理に伴う業務を代行するものです。**運用管理業務**とは、委託者から年金資産を受託し、運用することです。

信託銀行が徴求する報酬には、確定給付企業年金の場合、業務委託手数料、幹事・副幹事報酬、運用報酬などがあります。各報酬の概要は、図表5－7のとおりです。

確定給付企業年金の業務委託手数料は上期分、下期分（通期分－上期分で計算する場合、上・下期単体で計算する場合、いずれもあり）の半期決算ごとに年2回、業務委託契約受託機関が報酬計算を行い、決算日および決算日の半期応答日にシェア按分によって各ファンドの元本から引き落とします（ただし、引落しファンドを委託者が指定する場合や、委託者の**業務経理**から支払う場合もあります）。

報酬計算には、加入者数・受給者数・オプション契約の有無など一般に委託事務量を反映した基礎数値が使用されます。固有報酬は、各信託銀行が各契約ファンドの受託資産の月末時価残高をもとに徴求する報酬です。計算のタイミングは業務委託手数料と同様です。ただし、元本引落しではなく、**年金経理**における費用として計上されます。

確定給付企業年金には資金決済業務に係る手数料が総幹事報酬・副幹事報酬として設定されています。徴収日は、決算日および決算日の半期応答日です。

下記のような変更などがあった場合には、そのつど、該当する受託機関が報酬計算を行い、終了までの期間の報酬を徴求します。

・制度管理系業務に伴う報酬について、業務委託契約を期の途中で変更した

図表5-7　信託報酬の種類

○：あり　×：なし

報酬の分類	説　　明	計上方法	制　度	
			確定給付企業年金	非適格退職年金
業務委託手数料	委託者と業務委託契約を結ぶことにより支払う報酬。業務委託先が計算し、年金経理（元本）または業務経理から引き落とす。	元本	○	×
固有報酬	国民年金基金の、年金信託契約および年金指定単独契約に関する運用報酬。委託者ごとに計算し、各ファンド財産から引き落とす。5月末、11月末徴収。	費用	×	×
信託報酬（旧報酬）	非適格年金の年金信託契約に関する運用報酬。委託者ごとに計算し、各ファンド財産から引き落とす。	費用	×	○
幹事報酬（旧報酬）	非適格年金の信託幹事を委託していることにより支払う報酬。	費用	×	○
総幹事手数料(旧報酬)	非適格年金の総幹事を委託していることにより支払う報酬。総幹事手数料の支払そのものは決算日から3カ月以内に行うことと定められている。	元本	×	○
運用報酬	年金信託契約に関する運用報酬。委託者ごとに計算し、各ファンド財産から引き落とす。	費用	○	×
総幹事報酬／副幹事報酬	確定給付企業年金の総幹事または副幹事を委託していることにより支払う報酬。	元本	○	×
年金特金報酬	委託者と年金特定金銭信託契約を結ぶことにより支払う報酬。	費用	○	○
投資顧問手数料	委託者と投資一任契約を結んだ投資顧問会社に対し支払う報酬。	費用	○	○

場合や幹事交代があった場合

・運用管理報酬について、契約ファンドを解約した場合

第4節　資金異動の種類

第1項　元本異動・拠出金

　拠出金計算書の入金の資金異動事由には、確定給付企業年金の場合、標準掛金、特例掛金などの事由があります。

　どの場合も、年金資産をファンドに収納する事務について大きな違いはなく、下記のような手順となります。

① 　拠出金計算書等をもとにオンライン端末から拠出金予定情報を登録します。または、加入者管理システムからのインタフェース・データを自動登録します。

② 　勘定系システムからの入金報告と登録した拠出金予定情報を照合し、実績異動として更新し、元本異動累積額を更新します。

③ 　他業態幹事との決済額、他受託機関との決済額、自社ファンドとの決済額を算出します。

④ 　入金報告日から数営業日後（あらかじめ設定）の決済日に決済を行います。なお、決済に先立って、決済日をもとに算出した通知日に、他業態幹事・他受託機関宛に決済通知書を送付します。

第2項　元本異動・給付金

　出金の場合の資金異動事由には、各種指図書に基づく年金給付費、一時金給付費、年賦払一時金などがあります。どの場合も、年金資産を現金化し、委託者に支払うという事務手続は同様です。

出金の場合には、入金の場合と異なり、出金の指図に対して残高不足に陥ることがあります。その場合、まず余資を増やすことを試み、運用している商品を売るように指示します。それで足りない場合には、個別資金決済にて、各受託機関に支払可能額を提示してもらいます（または幹事が立て替えます）。それでも不足する場合には、委託者に臨時拠出金を出してもらうというような事務手続をとります。

　出金の事務は下記のような手順で行います。

① 　各種指図書等をもとにオンライン端末から給付金異動情報を登録し、期日管理します。または、受給者管理システムからのインタフェース・データを自動登録し、期日管理します。

② 　他業態幹事との決済、他受託機関との決済、自社ファンドとの決済額を算出します。

③ 　決済日から逆算した所定の通知日に、他業態幹事・他受託機関宛に決済通知書を送付します。

④ 　給付金支払日当日に間に合うよう、指図書で指定された金額を所定の方法で送金します。業態幹事および他受託機関との決済分は、勘定系システムからの入金報告時に元本異動累積額を更新します。

第3項　企業年金連合会との移換金・受換金

　加入者が企業を退職し、所属する企業年金を脱退した場合には、中継ぎとして**企業年金連合会**にそれまで拠出した年金原資を移換します。逆に、企業年金連合会で年金原資を管理していた脱退者が新たに企業に就職することに伴って企業年金に加入する場合には、企業年金連合会から年金原資を受換することとなります。

　この企業年金連合会との移換・受換について、総幹事受託機関ごとに毎月1回入出金をネットし、月末に決済を行います（図表5－8参照）。

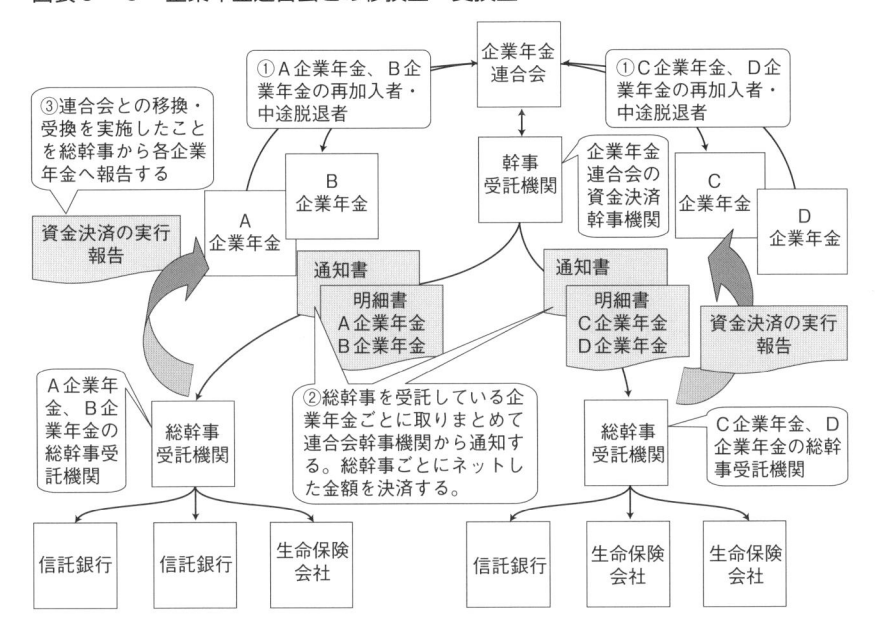

図表 5 - 8　企業年金連合会との移換金・受換金

第 4 項　制度間の移換金・受換金

　企業年金制度が廃止された場合には、年金資産を委託者に返還することも
ありますし、他制度（主に確定給付企業年金）へ移換することもあります。
他制度へ移換する場合の資金授受を制度間移換・受換と呼びます。移換側、
受換側が同一受託機関であれば、ファンドの付替による移受換を行う場合も
あります。

第 5 項　移受管金

　シェア未分離委託者の場合には、シェア変更に伴い、シェア配分と各ファ
ンドの受託残高の配分を同率にするよう配分（請求）額を計算し、資産の移
受管を行いますが、確定給付企業年金ではすべてシェア分離委託者のため、

シェアとは独立して、委託者の指図によって財産の移受管を行います。

　どちらの場合でも、総幹事受託機関と委託者の間に資金決済は発生せず、制度内の移管・受管となります。シェア変更に伴って解約が発生した場合には、解約ファンドの最終財産額を他ファンドに振り替える場合もありますが、委託者に返還する場合もあります。

第5節　資産運用方法

　年金資産の運用商品は国内証券、外国証券、貸付金、**金信・銀貸**、コールローン、短期金融商品、不動産など多岐にわたりますが、一般的な運用商品は合同口です。

　合同口とは、各委託者の資金をプールし、合同運用することによって、小口資金の効率的運用を可能にし、資産運用の多角化およびリスク分散を図るものです。このような目的から年金信託財産運用のために特別に設けられた合同運用信託を年金投資基金信託といい、この受益権証書を年金信託財産で運用します。年金投資基金信託の受益権を「**年投受益権**」と略すこともあります。

(1)　年投受益権の種類
　年投受益権には、「**公社債口**」「**株式口**」「**外貨建証券口**」「**貸付金口**」「**動産信託受益権口**」「**不動産信託受益権口**」「**金銭債権信託受益権口**」「**短期資金口**」の8つがあります（図表5－9参照）。

(2)　年投受益権の価格算出方式
a　基準価格方式
　公社債口、株式口、外貨建証券口、短期資金口の年投受益権では、時価性

図表 5 - 9　年投受益権

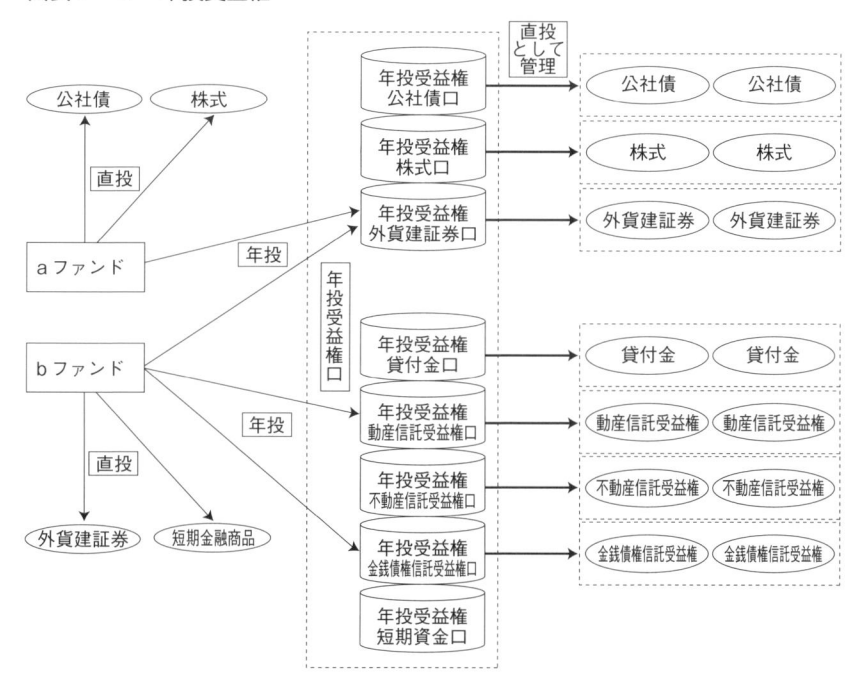

の商品を中心に運用しているため、**基準価格方式**による価格算出を行ってい
ます。すなわち、運用資産を時価評価し、1口当りの金額を基準価格として
算出しています。したがって、毎期の収益配当（**インカム・ゲイン**）のほか
に、回収による値上り益（**キャピタル・ゲイン**）または値下り損（**キャピタ
ル・ロス**）が発生します。

b　計算元本方式

　貸付金口、動産信託受益権口、不動産信託受益権口、金銭債権信託受益権
口の年投受益権では、非時価性の商品で運用しているため、**計算元本方式**の
価格算出を行っています。受益権の平均残高をもとに毎期の収益配当（イン
カム・ゲイン）を各委託者に振り分けます。

第 **6** 章

退職給付会計

■第6章の要点

　第6章では、退職給付会計について説明します。企業の貸借対照表や損益計算書に記載される退職給付費用の基礎となる退職給付債務や勤務費用等の各要素について説明します。

　退職給付債務や勤務費用等の計算は、第3章で説明した年金数理の手法を使用しますので、第3章もあわせて理解するようにしてください。

第6章　退職給付会計

　第1節　退職給付債務

　・退職給付債務計算の内容は

　・貸借対照表に計上する項目は

　第2節　退職給付費用

　・退職給付費用の要素には何があるのか

　・勤務費用とは何か

　・利息費用とは何か

　・その他の費用にはどのようなものがあるか

　・損益計算書に計上する項目は

日本では2000年4月から**退職給付会計**が導入されました。それ以前は、退職を理由として金銭を支払うという同じ機能をもった、退職金制度と企業年金制度では異なる会計処理をしていました。つまり、どの制度を企業が採用しているかによって貸借対照表や損益計算書といった企業の財務諸表には異なる数値が計上されている状態でした。

　当時、アメリカでは、勤務の対価として退職後に支給される金銭（企業年金制度からの給付等）を、在職中に勤務に応じて受給権が発生するという「発生主義」の考え方に基づいて、従業員に対する会社の負債（退職給付債務）と毎年発生する費用（退職給付費用）を、それぞれ貸借対照表や損益計算書に計上する「退職給付に関する会計基準（FAS87号）」が適用されていました。また、国際的に統一された会計基準の作成を目的とする「国際会計基準審議会」も発生主義に基づいた退職給付に関する会計基準（現在の「従業員給付（IAS19号）」）の制定作業に着手していました。

　このような状況をふまえて、日本でも発生主義に基づく退職給付会計が2000年に導入されることになりました。その後、国際会計基準の「従業員給付（IAS19号）」の改正などをふまえ、2012年5月に日本の退職給付会計についても改正基準が公表され、退職給付債務の計算方法、貸借対照表への負債の計上方法等が変更されました。本章では改正後の退職給付会計の概要を解説します。

　退職給付会計では、勤務に応じて発生した企業の従業員に対する負債である退職給付に対する積立不足（または、積立超過）を、**連結決算**では「退職給付に係る負債（または、退職給付に係る資産）」を、**単独決算**では「退職給付引当金（または、前払い年金費用）」を企業の貸借対照表に負債（または、資産）として計上します。また、その年度に発生したとみなす退職金制度や企業年金制度に関する費用を「退職給付費用」として損益計算書に費用計上します。

　退職給付債務や退職給付費用の計算では、年金数理計算の手法を用いま

す。したがって、第3章で説明した「計算基礎率」を用いますが、年金財政計算とは異なり、計算基準時点で将来推計を行うために最も適切と考えられる計算基礎率を使用します。このため、年金財政で使用した計算基礎率と同一のものを常に使用できるとは限らず、退職給付会計の計算のために新たに設定する必要が生ずる場合もあります。

　退職給付会計の適用対象となる「退職後に支給される給付」は、その性格から「従業員に勤務の対価として支払う金銭」であるため、役員慰労金等は含まれません。また、退職給付会計を適用しなければならない企業は、金融商品取引法の対象となり会計監査人を設置しなければならない企業等です。

第1節　退職給付債務

　退職給付債務は、貸借対照表に「退職給付に係る負債（または、退職給付に係る資産）」や「退職給付引当金（または、前払い年金費用）」として負債（または、資産）に計上する数値の基礎となるもので、従業員の勤務に応じて発生した退職時に支払われる金銭（以下「退職給付」という）の現在時点の額です。

　最近普及が進んでいる確定拠出年金制度では、従業員の毎年の勤務期間に応じた掛金を企業が拠出した時点で企業が負うべき責任が果たされ、給付額は従業員が運用した結果で決まります。このように、確定拠出年金制度では企業が給付額の決定に責任を負わないため、退職給付債務の計算は行いません。

(1)　退職給付債務

　退職給付債務は、退職時に支払う給付のうち、現在時点で発生しているとみなせる金額の現価です（図表6－1参照）。したがって、退職給付債務を計

図表6-1　退職給付債務のイメージ

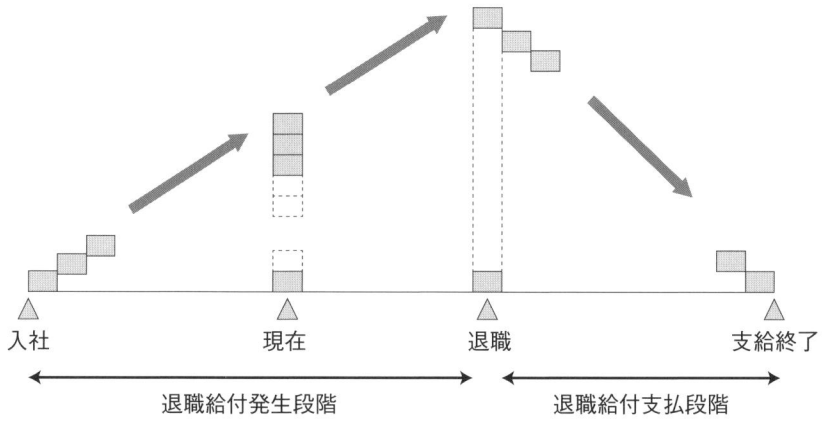

図表6-2　期間の帰属方法のイメージ

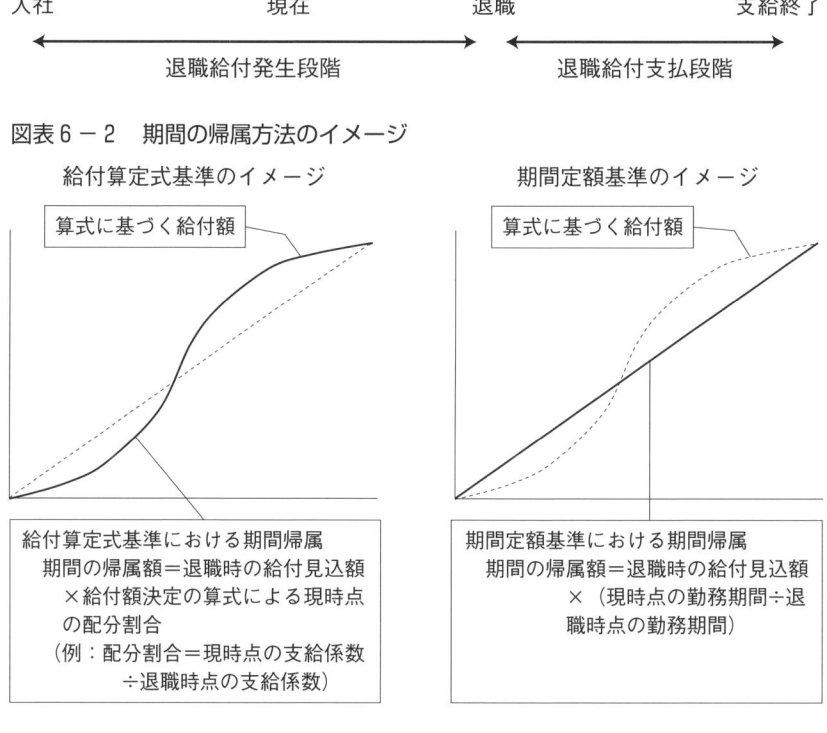

算する際には「現時点で発生しているとみなせる金額の決定（「**期間の帰属**」といいます）」を最初に行い、続いて「割引率を使用して現価を計算する」という2段階のステップを踏みます。第3章で説明した「給付現価」は退職

時の給付額を現価計算するものですから、期間の帰属を行いません。この点が退職給付債務の計算と給付現価の計算の基本的な違いです。

期間の帰属には、退職金制度や企業年金制度の給付額決定の算式をもとに決定する「**給付算定式基準**」と、退職時の勤続期間と現時点における勤続期間の比率をもとに決定する「**期間定額基準**」の二通りの方法があります（図表6－2参照）。

第2ステップの割引計算は「退職給付支払ごとの支払見込期間を反映するものでなければならない」とされています。具体的には「退職給付の支払見込期間および支払見込期間ごとの金額を反映した単一の加重平均割引率を使用する方法」や「退職給付の支払見込期間ごとに設定された複数の割引率を使用する方法」が例示されています。後者は、イールドカーブを直接使用するアプローチであり、前者は加重平均の手法により複数のやり方が考えられます（図表6－3および図表6－4参照）。

割引計算に使用する金利は「期末における安全性の高い債券の利回りを基礎として決定すること」とされています。安全性の高い債券には、国債・政

図表6－3　割引率決定方法の例

割引率決定法		概　要
イールドカーブ 直接アプローチ		1年後に発生する給付については1年間の時間差を調整する金利、n年後に発生する給付についてはn年間の時間差を調整する金利を使用するといった、給付の支払時期に対応する複数の金利を使用して割り引く方法
加重平均	イールドカーブ 等価アプローチ	イールドカーブ直接アプローチで計算した退職給付債務と同じ計算結果となる「単一の割引率」で割り引く方法
	デュレーション アプローチ	退職給付債務の金利感応度（金利の変動が退職給付債務の額に与える影響）に見合った期間を推測し、その期間に対応する金利により割り引く方法
	加重平均 アプローチ	期間帰属を行った退職給付の額で加重平均した退職給付支払までの期間に対応する金利により割り引く方法

図表6−4 割引計算の例

イールドカーブ直接アプローチのイメージ

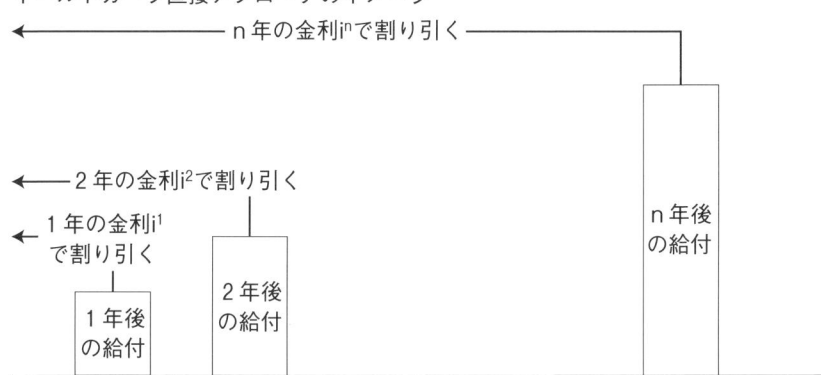

単一の割引率設定方法の例

①	デュレーションアプローチの例

① デュレーションアプローチの例
P①：割引率i^1による退職給付債務
P②：割引率i^2による退職給付債務
R＝P①÷P②
デュレーション＝$\log(R) \div |\log(1+i^2) - \log(1+i^1)|$⇔この期間に対応する金利を割引率とする。
② 加重平均アプローチの例
S＝期間帰属した給付額総合計
$S^*t = \Sigma$（退職までの期間×退職までの期間別期間帰属した給付額）
割引期間＝$S^*t \div S$⇔この期間に対応する金利を割引率とする。

府機関債・優良社債（複数の格付機関による直近の格付がAA格相当以上の社債）が含まれます。

　なお、従業員数300人以下等に該当する小規模企業の場合は「簡便法」による会計処理が認められています。簡便法では、退職給付債務の額を「**自己都合要支給額**」や「**年金財政上の責任準備金**」とします。

　図表6−5および図表6−6に退職給付債務計算の例を示します。なお、計算の過程がわかりやすいように、期間帰属方法は給付算定式基準（支給率

図表 6 - 5　退職給付債務の計算例

　50歳の加入者100人の退職給付債務を求める。

　給付は最終給与に支給率を乗じた額を一時金で支払うものとする。

　退職率は毎年 2 ％で年度末に退職するものとする。

　昇給率は年2.5%で翌期初に昇給するものとする。

　割引率は単一割引率 3 ％とする。

　定年退職時期は60歳到達時（59歳の年度末）とする。

　期間帰属方法は「給付算定式基準（退職時の支給率と50歳時点の支給率の比）」とする。

　たとえば、58歳で退職する者（1.70153人）の計算時点における退職給付債務の計算過程と結果は以下のとおりとなります。

　　退職時給与＝365,523円

　　退職時支給係数＝36.2

　したがって

　　退職時給付額＝365,523円×36.2＝13,231,933円

　　期間帰属額＝13,231,933円×（20.0÷36.2）＝7,310,460円

　　退職給付債務＝7,310,460円×1.70153×0.76643＝9,533,597円

　各年齢の退職者の計算時点における退職給付債務の合計額は559,928,924円となる。

の比）とし、割引率は単一の割引率が決定したものとして示してあります。

(2)　年金資産

　退職給付会計でいう「**年金資産**」とは、確定給付企業年金制度の積立金以外にも、退職給付にしか使用できないこと、事業主や事業主の債権者から法的に分離されていること、積立超過分以外は事業主への返還や目的外の払出しができないこと、事業主の資産とは交換できないこと、という条件を満たすものです。確定給付企業年金制度の積立金はこの条件を満たすため、退職給付会計上の年金資産となります。また、確定給付企業年金制度の積立金以外にも、上記の条件を満たせば退職給付会計上は年金資産として扱われます。具体的な事例としては、信託契約を締結して持合株式や余裕資金等を拠

出する「退職給付信託」があります。

(3) 貸借対照表への計上

連結決算の貸借対照表では退職給付債務と年金資産の差額が、「退職給付に係る負債（退職給付債務＞年金資産の場合)」または「退職給付にかかる資産（退職給付債務＜年金資産の場合)」が計上されます（図表6－7参照)。つまり、決算時点の退職給付債務と年金資産の差額が、損益計算書で費用処理を行ったか否かにかかわらず、直接貸借対照表に反映されます。この方法を「**即時認識**」といいます。なお、退職金制度と企業年金制度の2つの制度を実施しているような場合は、それぞれの制度ごとに「退職給付に係る負債」または「退職給付に係る資産」を計算して貸借対照表に計上する必要があります。

単独決算の貸借対照表では以下の「未認識数理上差異」や「未認識過去勤務費用」を調整した「退職給付引当金」または「前払い年金費用」が計上されます（図表6－8参照)。単独決算では、連結決算とは異なり、損益計算書で費用処理されていない「未認識数理上差異」や「未認識過去勤務費用」は貸借対照表には計上されません。このように、一部の未認識項目を貸借対照表に計上しない方法を「**遅延認識**」といいます。単独決算でも、制度を複数実施している場合は、連結決算と同様、制度ごとに「退職給付引当金」や「前払い年金費用」を計算し、貸借対照表に計上します。

(4) 未認識数理上差異

退職給付債務の計算においても、年金数理計算と同様に計算基礎率を用いて予測計算を行います。そのため、予測値と実績値の差が生じます。また、必要に応じて計算基礎率を変更することにより退職給付債務が変動します。この予測値と実績値の差や退職給付債務の変動を「数理上差異」といいます。数理上差異は計画的に費用処理しますが、このうちまだ当期利益として

図表 6 - 6　退職給付債務計算（例）の詳細

年度	勤務年数	年齢	割引率	現価率	脱退率	加入者数	脱退者数
1	20	50	3.0%	0.97087	2.0%	100.00000	2.00000
2	21	51	3.0%	0.94259	2.0%	98.00000	1.96000
3	22	52	3.0%	0.91514	2.0%	96.04000	1.92080
4	23	53	3.0%	0.88849	2.0%	94.11920	1.88238
5	24	54	3.0%	0.86261	2.0%	92.23682	1.84474
6	25	55	3.0%	0.83749	2.0%	90.39208	1.80784
7	26	56	3.0%	0.81310	2.0%	88.58424	1.77168
8	27	57	3.0%	0.78942	2.0%	86.81256	1.73625
9	28	58	3.0%	0.76643	2.0%	85.07631	1.70153
10	29	59	3.0%	0.74411	100.0%	83.37478	83.37478
11	30	60	3.0%				
合計							

（注）　59歳の加入者は（60歳定年退職者も含めて）全員年度末に退職するため、59歳の退

図表 6 - 7　「退職給付に係る負債」および「退職給付に係る資産」

退職給付債務＞年金資産の場合

退職給付に係る負債	退職給付債務
年金資産	

退職給付債務＜年金資産の場合

年金資産	退職給付に係る資産
	退職給付債務

期初（＝退職時）給与	昇給率	期初支給率	退職時支給率	退職者一人当り給付額	退職者一人当り期間帰属額	退職給付債務
300,000	2.5%	20.0	21.5	6,450,000	6,000,000	11,650,440
307,500	2.5%	21.5	23.1	7,103,250	6,150,000	11,361,980
315,188	2.5%	23.1	24.8	7,816,662	6,303,760	11,080,755
323,068	2.5%	24.8	26.5	8,561,302	6,461,360	10,806,468
331,145	2.5%	26.5	28.3	9,371,404	6,622,900	10,538,962
339,424	2.5%	28.3	30.2	10,250,605	6,788,480	10,278,084
347,910	2.5%	30.2	32.1	11,167,911	6,958,200	10,023,656
356,608	2.5%	32.1	34.1	12,160,333	7,132,160	9,775,556
365,523	2.5%	34.1	36.2	13,231,933	7,310,460	9,533,597
374,661	2.5%	36.2	37.4	14,012,321	7,493,220	464,879,425
		37.4				
						559,928,923

職率は100％となる。

図表6－8 「退職給付引当金」「前払い年金費用」

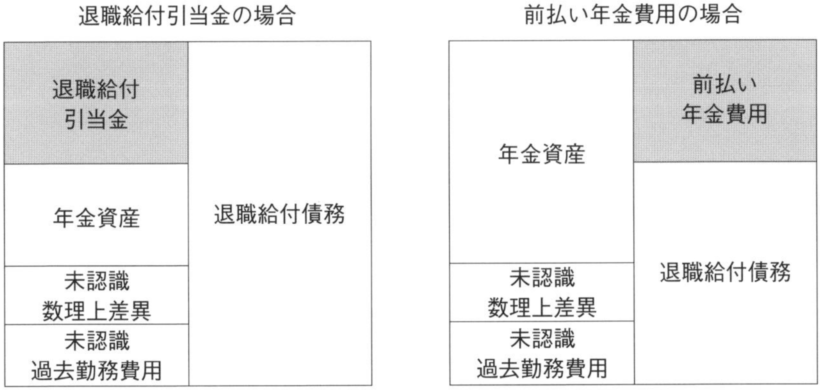

退職給付引当金の場合

前払い年金費用の場合

損益計算書で費用計上していない部分を「**未認識数理上差異**」といいます。連結決算では、未認識数理上差異は、次に説明する「未認識過去勤務費用」と合算して、貸借対照表の「退職給付に係る調整額」に計上されます。

(5) 未認識過去勤務費用

企業年金制度や退職金制度の制度変更が行われた場合、制度変更によって退職給付債務の額が変動する場合があります。その変動額を「過去勤務費用」といい、発生時点から計画的に損益計算書で費用処理します。発生した過去勤務費用のうち、損益計算書で費用処理していない部分を「**未認識過去勤務費用**」といいます。

第2節　退職給付費用

退職給付費用の構成要素は、従業員の勤務期間の増加に伴って発生する「勤務費用」、前期末から当期末までの時間経過に伴って発生する「利息費用」、期初の年金資産から期待される運用収益である「期待運用収益」、過去

図表6－9　退職給付費用の構成要素

勤務費用	退職給付費用
利息費用	
数理上差異の費用処理額	
過去勤務費用の処理額	期待運用収益

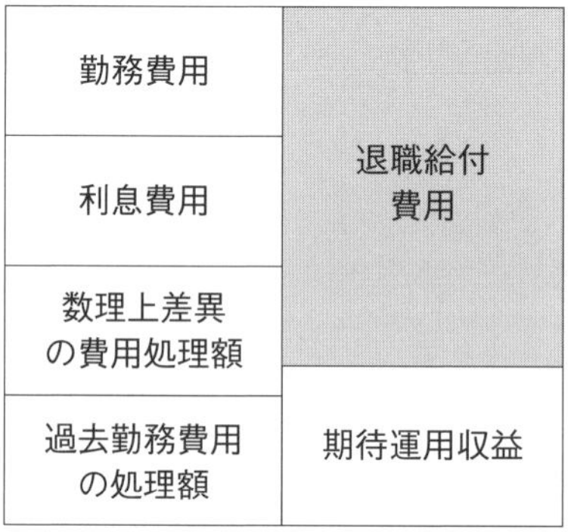

に発生した数理上差異の当期処理額、制度変更に伴って発生した過去勤務費用の当期処理額等から構成されます（図表6-9参照）。

(1) 勤務費用と利息費用

勤務費用と利息費用は、退職給付債務計算の仕組みから発生するものです。退職給付債務の計算は、従業員の給付額のうち当期までに発生した部分を把握し、それを退職時から現在時点まで割り引くという2段階で行うということを前節で説明しました。前年度末と当年度末の退職給付債務の差額は、当年度1年間に増加した期間帰属額と退職時点まで1年近づいた（＝割引期間が1年間減少した）ことによる金利効果に分解できます（図表6-10参照）。

図表6-10　1年間の退職給付債務の変動

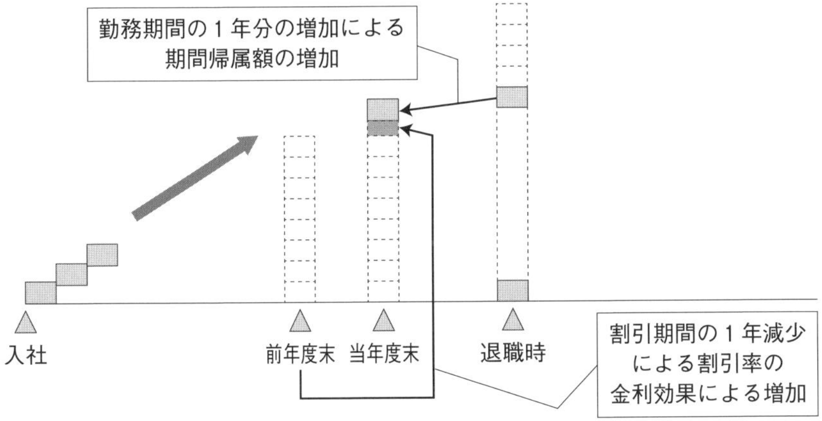

このうち、勤務期間の1年増加に伴う期間帰属額の増加による費用を「**勤務費用**」といい、割引期間の1年減少による金利効果を「**利息費用**」といいます。勤務費用は年度中に増加する期間帰属額の期末時点における現価、利息費用は期初の退職給付債務に割引率を乗じた額となります。簡単な計算例

図表 6 −11　勤務費用と利息費用の計算例

　50歳の加入者を例に50歳から51歳となる１年間の勤務費用と利息費用を計算する。

　入社時点の退職金はゼロで、勤務期間１年当り50万円退職金が増加し、定年（60歳）の退職金は1,000万円とする。

　また、定年60歳まで退職しないものとし、割引率は単一割引率３％とする。

　定年退職金1,000万円の期間帰属額は給付算定式基準でも期間定額基準でも同一であり

・50歳時点の期間帰属額：500万円

・51歳時点の期間帰属額：550万円

となる。

　これから、

　　　50歳時点の退職給付債務＝372.047万円（＝500万円÷1.03^{10}）

　　　51歳時点の退職給付債務＝421.529万円（＝550万円÷1.03^{9}）　となる。

　50歳から51歳までの１年間で増加する期間帰属額は50万円のため50歳から51歳までの１年間の勤務費用を計算すると

　　　50万円÷1.03^{9}＝38.321万円

　50歳から51歳までの１年間の利息費用を計算すると

　　　372.047万円×３％＝11.161万円

　勤務費用と利息費用の合計額は49.482万円（＝38.321万円＋11.161万円）となり、50歳と51歳の退職給付債務の差額49.482万円（＝421.529万円−372.047万円）と一致する。

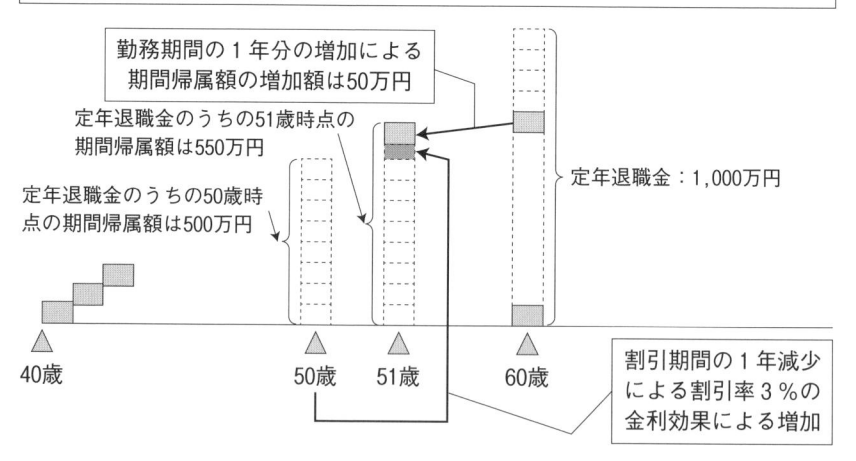

ですが、図表6－11では1年間の退職給付債務の増加額が勤務費用と利息費用の合計額であることがわかります。

(2)　期待運用収益

年金資産は市場運用されて収益を生じます。この年金資産から生じる収益は退職給付会計では「マイナスの費用」として処理します。

期待運用収益は、あらかじめ設定した「期待運用収益率」という計算基礎率を期初年金資産額に乗じて算定します。

期待運用収益＝期初年金資産額×期待運用収益率

期待運用収益率は、市場で実現できると思われる収益率として、長期的な観点で設定します。

(3)　数理上差異の費用処理額

数理上差異は、連結決算の貸借対照表では**即時認識**されますが、損益計算書には、発生した決算期の翌期から「従業員の平均勤続年数以内の一定期間」で分割して計上されます。「平均残存勤続年数以内の一定期間」ですから、全額を一括して損益計算書に計上することも可能です。

(4)　過去勤務費用の処理額

数理上差異と同様、過去勤務費用も貸借対照表では**即時認識**されますが、損益計算書では、制度変更時点から「従業員の平均残存勤続年数以内の一定期間」で損益計算書に計上します。

企業年金と
対応システム

■第7章の要点

　第7章では、第3章から第6章までで解説した企業年金業務が、年金数理システム、年金管理システム、年金資産運用システムの3つの企業年金システムで構成されていることを説明します。さらに、各システムの機能の概要を整理し、理解しやすいようにシステム構成図も記載します。

第7章　企業年金と対応システム

　第1節　年金数理システム

　　・年金数理システムの機能構成と概要は

　第2節　年金管理システム

　　・年金管理システムの機能構成と概要は

　第3節　年金資産運用システム

　　・年金資産運用システムの機能構成と概要は

企業年金システムについて、当社（株式会社シーエーシー）では図表7－1のように定義しています。システムは、大きく分けると、年金制度の設計・運用・検証を行う「年金数理（財政決算）システム」、人の管理を行う「年金管理システム」、年金資産の管理を行う「年金資産運用システム」の3つで構成されます。それぞれのシステムが管理する人・物・金・情報は、第2章第1項の各節で述べた内容に対応しています（38頁図表2－1、39頁図表2－2、41頁図表2－3参照）。

図表7－1　企業年金システムとは

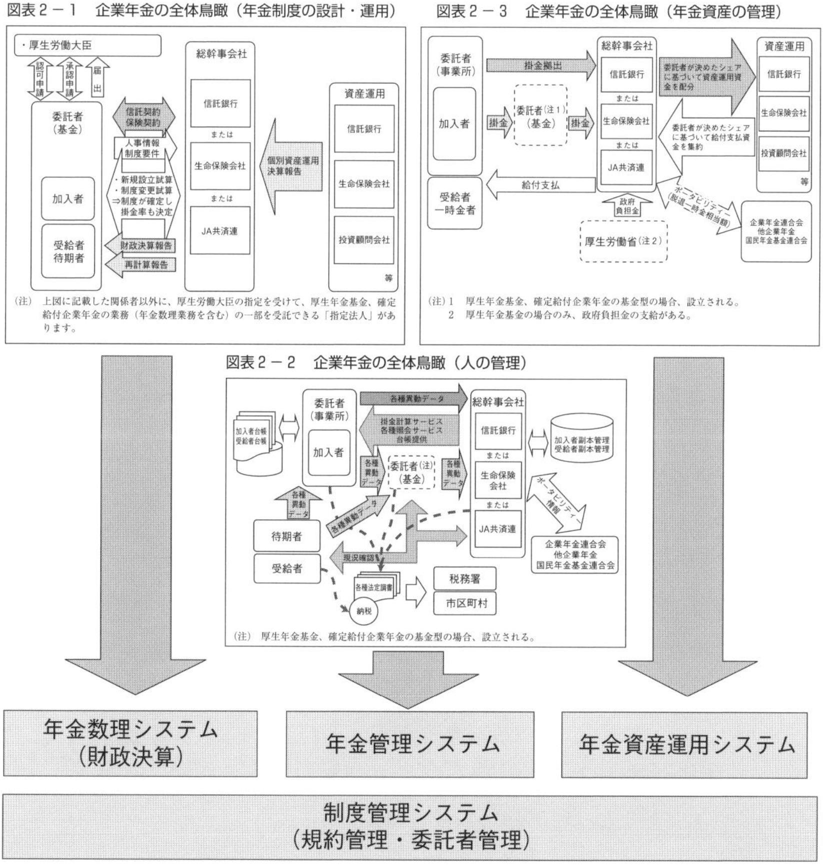

図表2－1　企業年金の全体鳥瞰（年金制度の設計・運用）

図表2－3　企業年金の全体鳥瞰（年金資産の管理）

図表2－2　企業年金の全体鳥瞰（人の管理）

年金数理システム（財政決算）

年金管理システム

年金資産運用システム

制度管理システム（規約管理・委託者管理）

これらの３システムに共通的な役割を担うものとして、**制度管理システム**（規約管理、委託者管理）が論理的には存在します。ただし、実際にシステムを構築する場合、制度管理システムは物理的に個々のシステムごとに構築します。

企業年金システムを構成する３つのシステムの主要機能は、図表７－２のとおりです。

企業年金制度は、対象企業の社員、毎年入社する新入社員、昇給率、退職者率、平均年齢を考慮し、退職時に年金・一時金をいくら支払うかなどを勘案して制度設計されます。

人に関しては、各企業の全社員の異動実績をすべて時系列で把握し、退職時の年金額計算、掛金計算等を行っています。

年金資産に関しては、日々の元本異動を把握し、運用している商品残高・

図表７－２　企業年金システムの主要機能

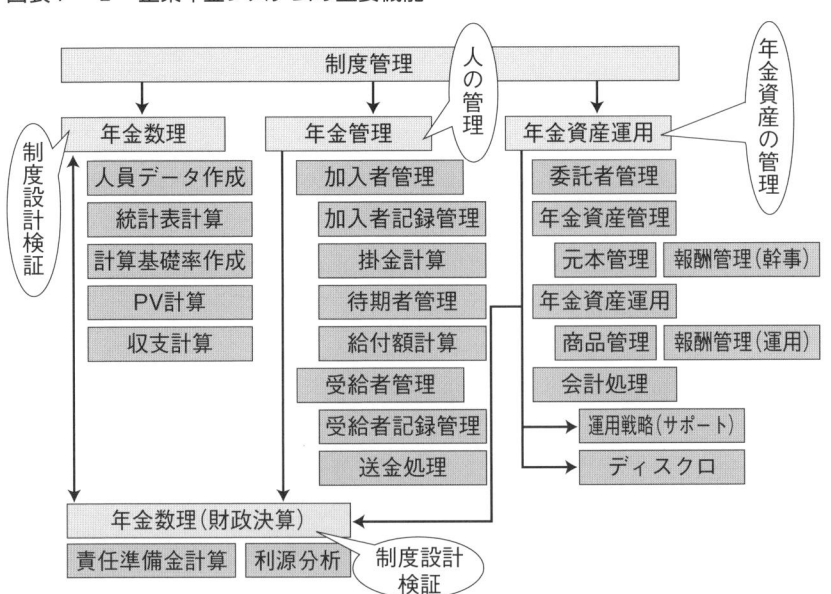

運用損益等を管理しています。

　設計した制度が適正であることを毎年の決算で検証し、大きな誤差が出れば掛金率を変更します。また、3〜5年ごとに基礎率を見直し、掛金率を再計算します。

　年金制度は長期的に運用されており、すべて、事前に制度設計された死亡率・脱退率・新規加入等の基礎率、資産運用の予定利率等に従って検証されています。

　以上のような企業年金制度の設計・管理・運用・検証を総合的・継続的にサポートするのが、企業年金システムの役割です。

第1節　年金数理システム

　年金数理システムの構成は、図表7−3のようになります。各機能の概要は下記のとおりです。

(1)　人員データ作成

　人員データ作成では、決算基準日時点における個人データの取得とチェックを行います。個人データの取得は、新規設立用データの場合、加入者および脱退者のデータを委託者から取得します。決算用データの場合には、Ⅰ型（委託者管理）では委託者から取得し、Ⅱ型（人員管理委託している）では他システム・インタフェースを通じて、年金管理システムから取得します（Ⅰ型・Ⅱ型に関しては、「第2章第3節第3項　委託形態」のとおりです）。

(2)　統計表計算

　統計表計算では、個人データから統計表資料および基礎率算出用データを作成します。統計表資料として、加入者の統計資料、受給者年齢別人数・年

図表7－3　年金数理システム構成図

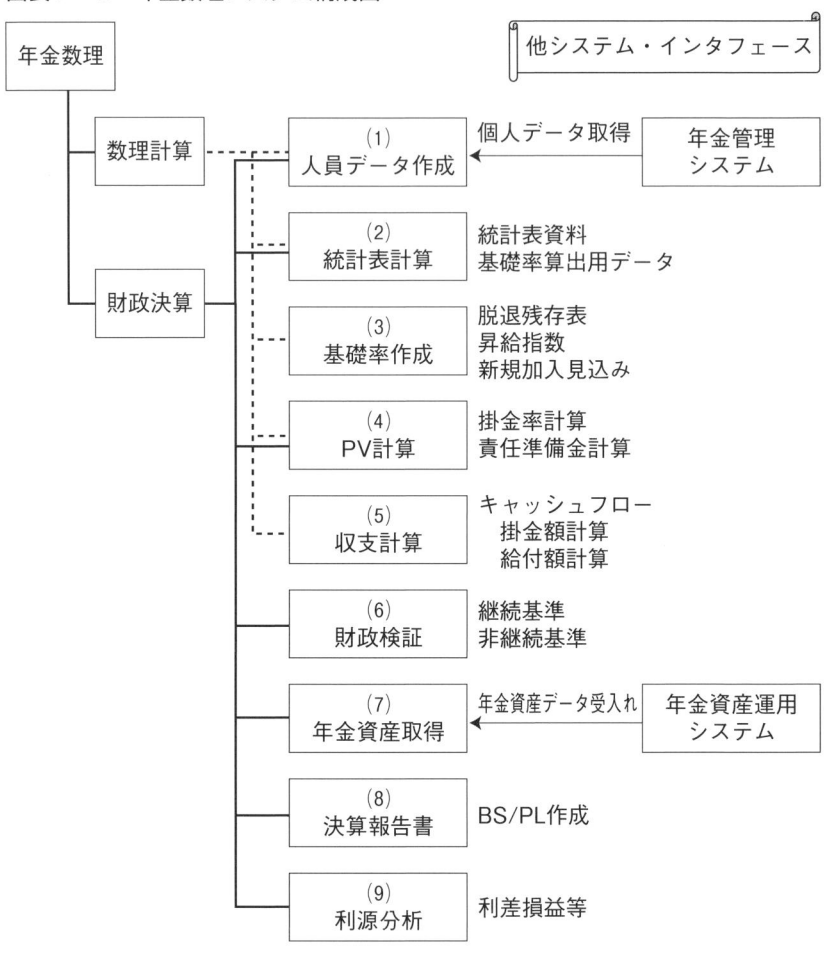

金額統計表、年度年齢別加入者・脱退者統計表、年度年齢別新規加入者給与などを作成します。基礎率算出用データとして、基礎率用、脱退率算出用、昇給率算出用、新規加入者算出用などのデータを、人員データから計算しやすいように加工します。

(3) 基礎率作成

基礎率作成では、数理計算に必要な基礎率として、**脱退残存表**、昇給指数、新規加入見込みなどを作成します。

(4) PV計算

PV計算とは、基礎率および個人データから、給与現価および給付現価を算出し、P（掛金率）およびV（**責任準備金**）を求めることです。その計算手順は下記のとおりです。

① 標準者処理として、掛金率を求めるため標準者（人数1人、給与1円）のシミュレーションを行い、給与現価および給付現価を算出します。

② 加入者処理として、加入者データ個々のシミュレーションを行い、掛金収入現価および給付現価を算出します。加入者が脱退した時点で給付額の裁定を行い、給付現価の計算は受給者処理で行います。

③ 受給者処理として、受給者データ個々のシミュレーションを行い、給付現価を算出します。給付現価の算出方法には、あらかじめ算出しておいた現価率を使用する**現価率方式**と、各年度の給付額を計算して予定利率で割り戻す**シミュレーション方式**があります。現価率方式は、給付現価＝給付額×現価率の計算式で求められるため、仕組みが簡単で計算処理速度が速いという利点があります。しかし、予定利率が一定であるなどの制約が発生します。

④ **責任準備金処理**として、上記②および③の掛金収入現価および給付現価から**責任準備金**を計算します。

このPV計算で給付現価の算出方法を変えることによって、給付現価＝退職給付債務になる場合と、給付現価＝最低積立基準額になる場合とがあります。

(5) 収支計算

収支計算では、加入者および受給者個々のシミュレーションを行い、掛金額や給付額を各年度に計上して、退職引当金の取崩し額等のキャッシュフローを作成します。

特にシミュレーション方式のPV計算の場合には、現価算出の過程で各年度の掛金額や給付額を計算しています。そのため複数システムに共通する部分が多く、システム上は次のような計算イメージになります。

収支計算＝PV計算＋各年度の額の計上処理

(6) 財政検証

財政検証では、継続基準および非継続基準での検証を行います。必要であれば、財政の回復計画を作成します。

(7) 年金資産取得

年金資産取得では、年金資産データを主幹事の委託者先機関から入手します。自社が主幹事の場合は、他システム・インタフェースを通じて年金資産運用システムからデータを取得します。

(8) 決算報告書

決算報告書では、貸借対照表（BS）、損益計算書（PL）などの決算報告書類を作成します。

(9) 利源分析

利源分析では、発生した剰余金または不足金について要因分析を行います。

主な発生要因は、計算基礎率と実績との乖離によるものであり、代表的な要因は、図表7－4のとおりです。

図表7－4　利源分析の代表的な要因

要　因	説　明
利差損益	実際の運用利率が予定利率より下回れば不足金の要因になり、上回れば剰余金の要因になる。
脱退差損益	一般的に高齢者の脱退者が予定より多い場合は、定年脱退より給付額が少ないため給付現価が小さくなり、剰余金の要因になる。一方、若者の掛金負担が高齢者の掛金負担より大きい制度が多いため、若年層の脱退が多い場合は不足金の要因になる。
死亡差損益	加入者の死亡に関しては脱退差損益と同様。受給者に関しては、死亡が予定より上回った場合は給付額が減少するため、剰余金の要因になる。
昇給差損益	一般的には給付現価より、給与現価への影響が大きく、実際の昇給率が予定より下回れば不足金の要因になる。

　以上の年金数理システム構成機能のうち、掛金率計算などの試算では、上記(1)〜(5)の機能を使用します。財政決算などでは、上記(1)、(2)、(4)、および(6)〜(9)の機能を使用します。

第2節　年金管理システム

　年金管理システムの構成は、図表7－5のようになります。各機能の概要は下記のとおりです。

(1)　制度管理

　制度管理では、年金制度の規約および現価率、控除額等の共通情報を管理し、各業務で使用できるようにします。

図表 7 – 5 　年金管理システム構成図

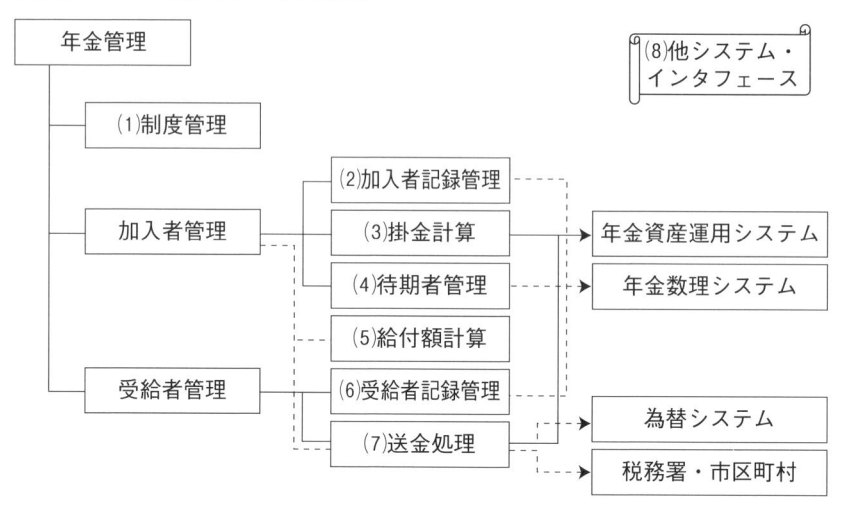

(2)　加入者記録管理

　加入者記録管理では、加入者の異動を履歴管理し、掛金額計算、給付額計算に使用します。また、加入者証、加入者台帳、加入者明細表、加入者異動記録明細表等の帳票を作成します。

(3)　掛金計算

　掛金計算では、計算基準日時点の加入者を対象に、事業所ごとの掛金額を計算し、掛金納入告知書、増減計算書等を基金（委託者）に提供します。

(4)　待期者管理

　待期者管理では、基金の裁定業務をサポートするための資料として、裁定案内を作成し、未裁定者情報等を提供します。

(5) 給付額計算

　給付額計算では、加入者管理、受給者管理の共通機能となります。脱退時、年金支給時、および指図書入力時に規約に基づいて給付額計算を行い、待期者管理、指図書作成、指図書のチェックに使用します。

　また、随時に脱退日、脱退事由等を指定して、給付額の見込額計算を行います。

(6) 受給者記録管理

　受給者記録管理では、年金受給者、一時金受給者にかかわる指図書をもとに諸異動の管理を行います。また、年金受給者の現況確認も行います（未確認の場合は差止め処理を行います）。

(7) 送金処理

　送金処理では、支払期月が到来する受給者の年金／一時金の支払額、税金、手数料を計算し、受給者宛に送金します（為替データ作成）。

(8) 他システム・インタフェース

　他システム・インタフェースとしては、年金資産運用システム、年金数理システム、為替システムとのインタフェースがあります。

　年金資産運用システムには、掛金情報、給付情報を引き渡します。

　年金数理システムには、加入者情報、受給者情報、および未裁定者情報を引き渡します。

　為替システムには、年金および一時金の送金情報を引き渡します。

　また、税務署・市区町村宛てに、公的年金等の源泉徴収票、支払報告書（市町村宛）を作成します。

第3節 年金資産運用システム

年金資産運用システムの構成は、図表7－6のようになります。各機能の概要は下記のとおりです。

年金資産運用システムは、大きく分けて「総幹事業務」「ファンド管理業務」「ポートフォリオ」の3つの機能から構成されます。

(1) 総幹事業務

総幹事業務では、委託者から提供される制度情報を管理し、それに基づいて行われる受託者間の資金決済情報を管理します。

a 制度管理

制度管理では、委託者の年金制度（委託者属性）の管理と年金制度変更に伴うさまざまな業務をサポートします。

b 委託者情報管理

委託者情報管理では、委託者の制度発足日や決算月日、業務委託の有無など業務の種類に応じて、開始日・終了日の情報、ファンド単位の契約状態、シェア情報、残高証明書発行情報などを管理します。

c 制度業務サポート

制度業務サポートでは、幹事交替が発生した場合に、新幹事宛に業務の引継ぎ資料を作成したり、旧幹事から受領した元本異動情報を自システムで管理可能なかたちに変換したりします。また、資産の新年金制度との移換・受換に伴う資金決済情報を作成します。受託者間の移管・受管の発生する委託者については、移受管額の計算を行うとともに、資産移受管後に適用する給付シェアを算出します。ファンド解約時には、資産を現金化し、最終交付額を算出して、決算報告書を作成します。

図表7-6　年金資産運用システム構成図

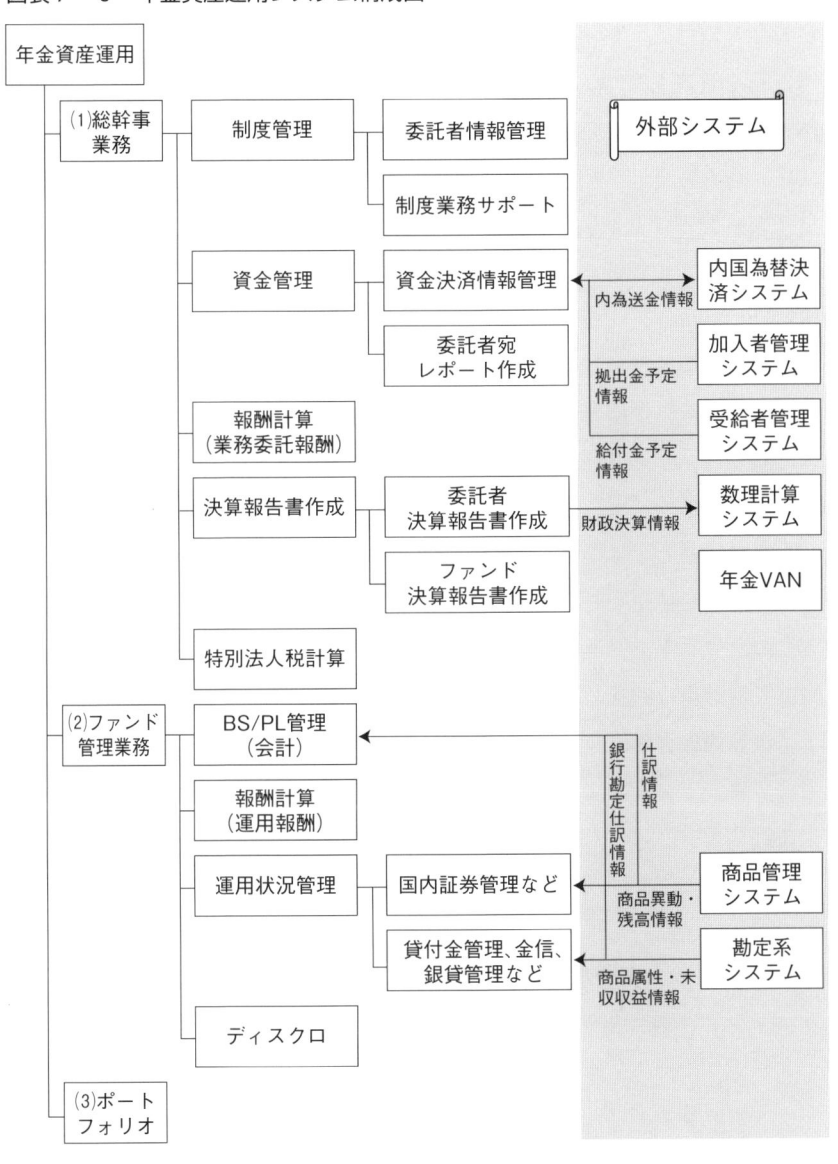

d　資金管理

資金管理では、委託者単位の元本異動、および委託者ごとのファンド別元本残高を管理します。あわせて元本異動に関する委託者等との決済状況管理、各受託者との資金決済計算、および各受託者との決済状況管理も行います。

また、管理する決済情報をもとに内国為替システムへ送金データを送信し、受信した自口座への振込データをもとに管理する決済情報を更新します。

さらに、委託者宛レポートとして、元本異動ごとの決済完了報告帳票や、その内容を月単位に取りまとめて報告する帳票を作成します。委託者の求めに応じて、ファンド残高の証明書も発行します。

e　報酬計算

委託者情報として管理されている業務委託内容に応じて、報酬計算を行うための基礎数値や委託者ごとに設定する料率を管理します。また、決算半期ごとの計算結果を管理し、委託者宛の計算書を作成します。これらの数値管理および計算は通常、徴求する報酬の種類ごとに行います。

f　決算報告書作成

決算日ごとに、年金信託契約またはファンド単位に、貸借対照表（BS）、損益計算書（PL）、および元本種類ごとの異動累積値などの決算報告書を作成します。

(2)　ファンド管理業務

ファンド管理業務では、委託者から受託した年金資産を管理・運用します。

ファンド単位の日次の会計情報を管理する「BS/PL管理」、各ファンドで運用する商品（株式、債券など）の運用状況を日々把握し、統括的に管理する「運用状況管理」、それらの情報をディスクローズ（開示）するための

「ディスクロ」などの機能があります。

　また、ファンド残高や決済回数をもとに、ファンド資産管理の報酬計算を行うための基礎数値や報酬料率を管理するとともに、決算半期ごとの計算結果を管理し、委託者宛の計算書を作成します。

(3)　ポートフォリオ

　ポートフォリオは、ファンド運用のための戦略的情報を収集・提供する機能です。

● 企業年金用語集 ●

【い】

移換金　いかんきん ……………………………………………………………… **128,129**
企業年金制度を中途脱退した者について、年金給付の支払義務を企業年金連合会へ
移転することができます。企業年金制度から企業年金連合会へ交付される中途脱退
者の年金現価相当額（年金原資）を「移換金」といいます。
　　関連用語：受換金

移受管金　いじゅかんきん ………………………………………………………… **129**
シェア変更に伴い各ファンドの資産残高の調整を行うために発生する資金異動の種
類です。シェア変更に伴う移受管金とも呼びます。

遺族一時金　いぞくいちじきん …………………………………………………… **105**
加入中に死亡または保証期間中に死亡した場合、遺族が受け取る一時金を遺族一時
金といいます。年金受給資格を有する者が死亡した場合は遺族年金として受け取る
ことも可能です。
　　関連用語：選択一時金、脱退一時金

委託者　いたくしゃ ………………………………………………………… **38,41,116**
信託銀行・生命保険会社・ＪＡ共済連（全国共済農業協同組合連合会）に、信託契
約・保険契約・共済契約に基づいて、加入者管理、受給者管理、資産運用管理など
の業務を任せている基金、事業主を委託者といいます。
　　関連用語：副本

移動平均法　いどうへいきんほう ………………………………………………… **60**
データを平滑化する手法で金融、気象、計測など多くの分野で使われています。年
金理では予定脱退率や、予定昇給指数算出時の補整方法の１つとして使用しま
す。
　　関連用語：予定昇給指数、予定脱退率

インカム・ゲイン　いんかむげいん ……………………………………………… **131**
株式投資の配当金、預金や債券等の利息、投資信託の収益分配金等の利益のことで
す。キャピタル・ゲインと対になります。
　　関連用語：キャピタル・ゲイン

（う－か）

【う】

受渡主義　うけわたししゅぎ ……………………………………………… **121**
有価証券等の受渡しが完了した時点で認識する会計原則の１つで、受渡しが行われた日（受渡日）に資産の売買を認識する考え方のことです。
　　　関連用語：約定主義

運用管理業務　うんようかんりぎょうむ ………………………………… **125**
企業年金制度の資産の有価証券運用に係る証券の受渡し・保管・資金決済などの資産管理業務や、有価証券の売買指図などの運用業務のことです。

運用指図　うんようさしず ……………………………………………………… **51**
投資顧問会社等が、株式や債券などの有価証券の売買を、信託銀行に指図することです。
　　　関連用語：投資顧問会社

運用報告　うんようほうこく …………………………………………………… **51**
運用状況に関する情報（運用実績、運用経過、売買、有価証券明細、費用明細、資産・負債・元本、損益状況など）を開示する報告のことです。

【か】

外貨建証券口　がいかだてしょうけんぐち ………………………………… **130**
年金投資基金信託（外貨建証券口）の省略記述です。
　　　関連用語：年金投資基金信託（外貨建証券口）

確定給付企業年金　かくていきゅうふきぎょうねんきん ………………… **4,14**
企業年金制度の１種類です。2001年に成立した確定給付企業年金法により創設され、2002年に制度発足しました。厚生年金基金との比較からいえば、国による厚生年金保険の代行がない企業年金と説明できます。廃止された適格退職年金制度と比較した場合、年金制度としてはほとんど同じにみえますが、年金を受け取る権利である受給権保護が強化されています。設立は、規約型と基金型の２種類があります。
　　　関連用語：企業年金、厚生年金基金、代行、DB

確定拠出年金（企業型）　かくていきょしゅつねんきん（きぎょうがた）… **4,16,34**
企業年金制度の１種類です。2001年に成立した確定拠出年金法により創設されました。従来の厚生年金基金、適格退職年金は確定給付型であるのに対して、確定した

掛金を拠出して、拠出額と運用益によって将来の年金額が決まります。企業型と個人型の2種類があります。企業型は、企業が制度を設立し、従業員が加入し、掛金は企業が拠出します。2012年から従業員が上乗せして拠出することが認められています。

　　関連用語：企業年金、確定拠出年金（個人型（iDeCo））、厚生年金基金、日本
　　版401(k)、401(k)制度

確定拠出年金（個人型（iDeCo））
　かくていきょしゅつねんきん（こじんがた） ………………………………… **4**
私的年金制度の1種類です。2001年に成立した確定拠出年金法により創設されました。従来の厚生年金基金、適格退職年金は確定給付型であるのに対して、確定した掛金を拠出して、拠出額と運用益によって将来の年金額が決まります。企業型と個人型の2種類があります。個人型は、20歳以上60歳未満のすべての方が加入できます。普及のためiDeCo（イデコ）の愛称がつけられています。

　　関連用語：私的年金、確定拠出年金（企業型）、厚生年金基金

掛金シェア　**かけきんしぇあ** ………………………………………………… **40,117**
企業年金における資産運用は、基本的に資産運用会社1社に任せるのでなく、複数社に委託しています。基金等委託者が、掛金等資金を各資産運用会社へ配分するときの割合を掛金シェアといいます。

　　関連用語：給付シェア

掛金収入現価　**かけきんしゅうにゅうげんか** ………………………………… **58**
年金制度の数理計算において将来発生すると見込んだ掛金を現在時点の価格に置き換えたものです。現在価値に換算する割引率として予定利率が使用されます。

　　関連用語：予定利率、現価、責任準備金

掛金中断　**かけきんちゅうだん** ……………………………………………… **93,96**
加入者の都合により休職する場合、掛金中断届によって加算部分の掛金拠出を中断することができます。掛金中断から掛金復活までの期間を中断期間（休職期間）といいます。受給資格判定用の期間、給付額計算用の給付算定期間としては、規約により休職期間（中断期間）をすべて控除する場合と、休職事由により一定割合を控除する場合があります。このため、中断中でも加算給与の変更を可能としています。

　　関連用語：掛金復活

（か）

掛金復活　かけきんふっかつ ··· **93,96**
休職中の者が復職した場合、掛金復活届により掛金拠出を復活させます。復職時に
給与が変わることが考えられるため、掛金復活届では給与の登録を可能とします。
　　　関連用語：掛金中断

過去勤務期間　かこきんむきかん ··· **72**
企業年金制度発足前に入社した者は、発足から脱退までの期間が短く受給資格を満
たさない場合、あるいは、年金額が少なくなる場合が発生します。これを救うた
め、制度発足前の期間を受給資格期間、給付算定期間に含めることを認める制度も
あります。入社時に制度が発足していたと仮定して求めた加入日をみなし加入日と
いいます。みなし加入日と制度発足日までの期間を過去勤務期間と定義します。

過去勤務費用の処理額　かこきんむひようのしょりがく ······················· **147**
退職給付会計の用語。給付水準の変更等により発生した退職給付債務の増減を退職
給付会計では過去勤務費用といいます（掛金率計算で述べている過去勤務債務と内
容が異なり、混同を避けるためこの名称となっています）。過去勤務費用の処理額
は、過去勤務費用のうち当期の費用として損益計算書に計上される金額です。制度
変更等の過去勤務費用の発生時から平均残存勤務期間以内の一定年数で分割して処
理します。
　　　関連用語：退職給付会計、未認識過去勤務費用、即時認識、遅延認識

加算型　かさんがた ··· **13**
厚生年金基金の給付形態（代行型、加算型など）の１つで、国の厚生年金保険と同
様に給付設計された基本部分と基金独自の給付制度（加算部分）を別制度として保
持しています。
　　　関連用語：給付設計、代行型

貸付金口　かしつけきんぐち ··· **130**
年金投資基金信託（貸付金口）の省略記述です。
　　　関連用語：年金投資基金信託（貸付金口）

仮想口座　かそうこうざ ··· **28**
キャッシュバランス制度で個人別残高を管理している口座のことです。拠出金と利
息が、この口座に積み立てられます。利息は、実運用利息でなく指標利率に基づく
金額が積み立てられます。
　　　関連用語：キャッシュバランス制度

加入期間　かにゅうきかん ·· 39,101,103

加入者が、企業年金に加入してから脱退するまでの期間のことです。通常は、入社日から退職日までが加入期間になります。この期間に属する者を加入者（または加入員）といいます。

関連用語：加入者（加入員）

加入者（加入員）　かにゅうしゃ（かにゅういん） ···························· 91,117

企業年金に加入している者を加入者（または加入員）と呼んでいます。厳密な言い方をすると、厚生年金基金制度では加入員、厚生年金基金以外の制度では加入者の用語が使用されます。

関連用語：加入期間

加入年齢方式　かにゅうねんれいほうしき ································· 69

掛金率を算出する方法の1つで標準的な加入年齢の者を設定し、その掛金率を年金制度の全加入者に標準掛金として適用します。標準掛金で給付がまかないきれない場合は別途特別掛金を適用します。

株式口　かぶしきぐち ··· 130

年金投資基金信託（株式口）の省略記述です。

関連用語：年金投資基金信託（株式口）

幹事受託機関　かんじじゅたくきかん ·· 123

年金制度の委託者に対する資産運用の窓口となる会社（総幹事）や、総幹事に対して、業態ごとの窓口となる会社のことです。

関連用語：総幹事制、総幹事業務、業態幹事、窓口幹事、総幹事、副受託機関

元利均等償却　がんりきんとうしょうきゃく ··························· 73

過去勤務債務の償却方法の1つです。過去勤務債務の額を3年以上20年以内のあらかじめ規約で定めた期間で均等に償却します。

関連用語：弾力償却

【き】

期間の帰属　きかんのきぞく ··· 137

退職給付会計の用語。退職給付債務の計算において、当期末に発生しているとみなせる給付に関する計算方法です。「期間定額基準」「給付算定式基準」があります。

関連用語：退職給付債務、期間定額基準、給付算定式基準

(き)

期間定額基準　きかんていがくきじゅん ………………………………………… **138**

退職給付会計の用語。退職給付債務の計算における期間帰属方法の１つです。将来の退職時の勤務期間と当期末までの勤務期間の比率で当期末に発生している給付を計算する方法があります。

関連用語：退職給付債務、期間の帰属、給付算定式基準

企業年金　きぎょうねんきん ……………………………………………………… **4**

企業が制度設立し、従業員が加入する年金制度のことです。企業年金は退職金を年金化する制度で、法制度で規定された厚生年金基金、確定給付企業年金、確定拠出年金（企業型）の３種類の制度があります。

関連用語：厚生年金基金、確定給付企業年金、確定拠出年金（企業型）、私的年金

企業年金連合会　きぎょうねんきんれんごうかい ……………………………… **48,128**

企業年金連合会は、1967年に、厚生年金保険法に規定される厚生年金基金の連合会として設立されました（設立当初の名称は「厚生年金基金連合会」）。2004年の法改正によって、名称が「企業年金連合会」に変わるとともに、各企業年金間の年金通算事業を行うという役割も加わりました。

関連用語：年金通算事業

基金型確定給付企業年金　ききんがたかくていきゅうふきぎょうねんきん … **14,42**

確定給付企業年金を設立する企業とは独立した特殊法人である基金を設立する形態の制度です。基金が確定給付企業年金の運営の主体となります。基金型確定給付企業年金を設立するための要件は、次のとおりです。

・常時300人以上の従業員を使用（共同して設立する場合は、合算して300人以上）
・設立に関して従業員の同意
・制度内容を定めた年金規約について従業員の同意
・設立について厚生労働大臣の認可

基準価格方式　きじゅんかかくほうしき ………………………………………… **131**

年金投資基金信託のうち、時価変動性の資産を運用対象とし、１口当りの金額を基準価格として算出するものです。毎期の収益配当（インカム・ゲイン）のほかに、回収による値上り益（キャピタル・ゲイン）または値下り損（キャピタル・ロス）が発生します。１口は基本的には10,000円です。

関連用語：年金投資基金信託、年金投資基金信託（公社債口）、年金投資基金信託（株式口）、年金投資基金信託（外貨建証券口）、年金投資基金信託（貸付金口）、年金投資基金信託（動産信託受益権口）、年金投

資基金信託（不動産信託受益権口）、年金投資基金信託（金銭債権信託受益権口）、年金投資基金信託（短期資金口）、年投受益権、計算元本方式

基礎年金　きそねんきん ………………………………………………… **3**
日本の20歳以上60歳未満の全国民が加入する国民年金のことを指します。すべての年金制度は、国民年金の上乗せとなってることから、「基礎」「基本」「１階」と呼ばれ、基礎年金といわれています。
　　関連用語：国民年金

期待運用収益　きたいうんようしゅうえき ……………………………… **147**
退職給付会計の用語。期初の年金資産に対して見込まれる時価基準での運用収益です。長期的な視点で設定する予定運用収益なので、毎年の運用収益の実績と乖離が発生します。

規約型確定給付企業年金　きやくがたかくていきゅうふきぎょうねんきん … **14,42**
確定給付企業年金を設立する事業主自らが、労使と合意した年金規約に基づく形態の制度です。設立事業主が確定給付企業年金の運営の主体となります。規約型確定給付企業年金を設立するための要件は、次のとおりです。
・設立に関して従業員の同意
・制度内容を定めた年金規約について従業員の同意
・年金規約について厚生労働大臣の承認

キャッシュバランス制度　きゃっしゅばらんすせいど ………………………… **28**
確定給付制度の給付額の保証（最低保証額を規約で定めている）、確定拠出制度の個人別残高管理（仮想口座）をもつ仕組みの制度です。退職時には、この個人別残高をもとに年金額が計算されます。
　　関連用語：仮想口座、ハイブリッド型年金制度

キャピタル・ゲイン　きゃぴたるげいん …………………………………… **131**
証券取引や為替取引などにおいて価格変動に伴って生じる売買差益のことです。これに対して、価格変動に伴って生じる売買差損はキャピタル・ロスといいます。
　　関連用語：インカム・ゲイン、キャピタル・ロス

キャピタル・ロス　きゃぴたるろす ………………………………………… **131**
証券取引や為替取引などにおいて価格変動に伴って生じる売買差損のことです。これに対して、価格変動に伴って生じる売買差益はキャピタル・ゲインといいます。

(き)

　　関連用語：キャピタル・ゲイン

給付額計算　きゅうふがくけいさん ……………………………………… **101**
加入者の異動履歴および規約に基づき、受給資格の判定および給付額計算を行います。計算結果として、給付額計算書、指図書等を委託者（受給者）に提供します。給付額計算は、指図書のチェック、裁定案内のための指図書作成時等に行われます。

給付現価　きゅうふげんか ……………………………………………… **58**
年金制度の数理計算において将来発生すると見込んだ年金や一時金を現在時点の価格に置き換えたものです。現在価値に換算する割引率として予定利率が使用されます。リスク分担型企業年金制度では、本来の水準の給付に対応する給付現価のことを「通常予測給付現価」または「調整前給付現価」と区別していうことがあります。

　　関連用語：予定利率、現価、調整前給付現価、通常予測給付現価

給付算定式基準　きゅうふさんていしききじゅん ……………………… **138**
退職給付会計の用語。退職給付債務の計算における期間帰属方法の1つです。当期末までに発生しているとみなせる給付を、給付額の算定式を基準に計算する方法です。たとえば、最終給与比例制では「当期末に退職したと仮定した場合の支給係数÷将来の退職時の支給係数」の比率で当期末に発生している給付を計算します。

　　関連用語：退職給付債務、期間帰属、期間定額基準

給付算定用給与　きゅうふさんていようきゅうよ ……………………… **95,102**
給付算定用給与とは、給付額計算に使用する給与で、平均給与、累計給与、最終給与、最高給与等があります。給与変更時に管理した給与をもとに算出します。国の厚生年金（厚生年金基金の基本部分）は、全期間平均給与を使用しています。

給付シェア　きゅうふしぇあ ……………………………………………… **40,117**
企業年金における資産運用は、基本的に資産運用会社1社に任せるのでなく、複数社に委託しています。基金等委託者が、年金・一時金などを支払うための資金を、各資産運用会社が負担するときの割合を給付シェアといいます。

　　関連用語：掛金シェア

給付乗率　きゅうふじょうりつ …………………………………………… **102**
年金または一時金の額は一般的には、給付算定用給与に乗率を掛けたものとなります。この乗率を給付乗率といいます。通常、給付乗率は加入期間、退職事由等によ

り変わります。

給付設計　きゅうふせっけい ……………………………………………………… **12**
年金・一時金を受け取るための要件、年金額・一時金額を決定する条件を設計することです。

共済年金　きょうさいねんきん ………………………………………………… **3**
国家公務員、地方公務員、私立学校教職員が加入する国民年金に上乗せする公的年金制度です。支給される年金は、基本的に老齢・障害・遺族の各要件に該当した場合、退職共済年金・障害共済年金・遺族共済年金になります。2015年10月に厚生年金保険に統合されました。
　　　関連用語：公的年金、国民年金

業態幹事　ぎょうたいかんじ ………………………………………………… **118**
信託銀行各社、生命保険会社各社、JA共済連（全国共済農業協同組合連合会）、JF共水連（全国共済水産業協同組合連合会）の各業態の窓口となる受託機関のことを指します。JA共済連、JF共水連については、業態に1つの受託機関しか存在しません。
　　　関連用語：総幹事制、総幹事業務、窓口幹事、総幹事、幹事受託機関、副受託
　　　　　　　　機関

共同受託方式　きょうどうじゅたくほうしき ……………………………………… **45**
マスタートラストで資産管理するスキームの1つです。既存の共同受託契約に、新たに共同受託者としてマスタートラスト信託が加わる方法です。
　　　関連用語：マスタートラスト、再信託方式

業務経理　ぎょうむけいり ………………………………………………… **81, 125**
確定給付企業年金において、事業運営（事務局の役職員の給与や諸手当、旅費、事務所経費、代議員会・理事会開催のための会費等）の取引を処理する経理区分です。年金経理と対になります。
　　　関連用語：年金経理

許容繰越不足金　きょようくりこしふそくきん ………………………………… **82**
許容繰越不足金とは継続基準の財政検証において、不足金が許容範囲内にあるかを量る基準値のことをいいます。不足金が許容繰越不足金を上回った場合は、掛金を再計算しなければなりません。
　　　関連用語：継続基準、財政検証

金信・銀貸　きんしんぎんがし …………………………………………………… **130**
信託銀行における余裕資金の短期運用方法のことです。金信は、指定金銭信託受益
権（合同運用一般口）の略です。銀貸は銀行勘定貸しの略であり、信託銀行が信託
勘定で生じた余裕金を銀行勘定を用いて短期運用を行うことです。

金銭債権信託受益権口　きんせんさいけんしんたくじゅえきけんぐち ………… **130**
年金投資基金信託（金銭債権信託受益権口）の省略記述です。
　　　関連用語：年金投資基金信託（金銭債権信託受益権口）

勤続ポイント　きんぞくぽいんと …………………………………………………… **30**
ポイント制の年金制度において、ポイントの要素に勤続年数を用いる場合のポイン
トのことです。
　　　関連用語：ポイント制

勤務費用　きんむひよう ……………………………………………………………… **145**
退職給付会計の用語。勤務費用は、1年間勤務することによって新たに発生する退
職給付債務の額です。退職給付費用の要素の1つになります。
　　　関連用語：退職給付債務

【く】

繰下げ　くりさげ ……………………………………………………………………… **27**
支給繰下げのことで、年金の受取開始を遅らせることです。
　　　関連用語：支給繰下げ

グレヴィル法　ぐれづいるほう ……………………………………………………… **60**
データを平滑化する手法の1つです。年金数理では予定脱退率や予定昇給指数算出
時の補整方法の1つとして使用します。
　　　関連用語：予定脱退率、予定昇給指数

【け】

計算元本方式　けいさんがんぽんほうしき ………………………………………… **131**
年金投資基金信託のうち、原則として時価変動のない資産を運用対象としたもので
す。年投口での運用収益を委託者ごとの元本積数で按分し配当を行います。積数方
式ともいいます。
　　　関連用語：年金投資基金信託、年金投資基金信託（公社債口）、年金投資基金
　　　　　　　　信託（株式口）、年金投資基金信託（外貨建証券口）、年金投資基金
　　　　　　　　信託（貸付金口）、年金投資基金信託（動産信託受益権口）、年金投

　　資基金信託（不動産信託受益権口）、年金投資基金信託（金銭債権
　　信託受益権口）、年金投資基金信託（短期資金口）、年投受益権、基
　　準価格方式

計算基礎率　けいさんきそりつ ……………………………………………… **55,58**
年金財政の将来の状態を計算する基礎となる各種数値が基礎率です。主な計算基礎
率には、「予定利率」「予定死亡率」「予定脱退率」「予定昇給指数」「新規加入見込
み」等があります。
　　関連用語：予定利率、予定死亡率、予定脱退率、予定昇給指数、財政再計算

継続基準　けいぞくきじゅん ………………………………………………… **55,81**
確定給付企業年金が決算時に行う財政検証基準の１つです。企業年金が今後も継続
するという前提で行う財政検証のことです。積立金と責任準備金との比較を行い、
積立金が責任準備金を下回り、かつ不足金が許容繰越不足金を超えた場合には、掛
金の見直しを行います。
　　関連用語：許容繰越不足金、財政検証

現価　げんか …………………………………………………………………………… **58**
将来の発生する額を現在時点の価格に置き換えたものです。現在価値に換算する割
引率として予定利率が使用されます。
　　関連用語：予定利率、掛金収入現価、給付現価

現価率方式　げんかりつほうしき ……………………………………………… **155**
受給権者に対し、あらかじめ死亡率や割引率を加味して算出しておいた現価率を給
付額に掛け合わせることで給付現価を算出する方法を現価率方式と呼んでいます。

現金主義　げんきんしゅぎ ……………………………………………………… **121**
現金の収支により費用と収益を計上することです。発生主義会計以前の会計ではよ
く使われていたものです。
　　関連用語：発生主義

源泉徴収事務　げんせんちょうしゅうじむ …………………………………… **44**
年金受給者へ支給する年金について、その支払の際に、所得税を徴収して納付する
事務のことです。

（こ）

【こ】

年金投資基金信託（公社債口）の省略記述です。
　　　関連用語：年金投資基金信託（公社債口）

企業年金制度の 1 種類です。1966年に制度が発足し、公的年金である厚生年金保険
の一部を、国から代行して支給します。さらに、厚生年金基金の独自給付（プラス
アルファ部分）を上乗せすることで、従業員にとっては、年金額が増額されること
になります。「公的年金制度の健全性及び信頼性の確保のための厚生年金保険法等
の一部を改正する法律」により、2014年 4 月 1 日以降の厚生年金基金の新規設立は
認められず、制度廃止の方向となっています。
　　　関連用語：企業年金、厚生年金保険、代行、独自給付、確定給付企業年金、確
　　　　　　　　定拠出年金（企業型）、確定拠出年金（個人型）、免除保険料

一般企業の会社員、公務員や教員等が加入する国民年金に上乗せする公的年金制度
です。支給される年金は、基本的に老齢・障害・遺族の各要件に該当した場合、老
齢厚生年金・障害厚生年金・遺族厚生年金になります。
　　　関連用語：公的年金、国民年金、厚生年金基金、代行、第 2 号被保険者、免除
　　　　　　　　保険料

国が運営管理している年金制度で、国民年金、厚生年金保険が対象になります。支
給される年金は、基本的に老齢時の老齢年金、傷病で障害が残った時の障害年金、
年金受給者または加入者が死亡した時の遺族年金になります。
　　　関連用語：国民年金、厚生年金保険、共済年金、私的年金

国民年金は、全国民が加入する基礎年金と定義されている制度です。20歳以上60歳
未満の国民は加入を義務づけられています。支給される年金は、老齢・障害・遺族
の各要件に該当した場合、老齢基礎年金・障害基礎年金・遺族基礎年金になりま
す。
　　　関連用語：基礎年金、共済年金、厚生年金保険、公的年金、第 1 号被保険者、
　　　　　　　　第 2 号被保険者、第 3 号被保険者

国民年金基金　こくみんねんきんききん ……………………………………… **4**

私的年金制度の1種類です。1991年に発足し、自営業者などの第1号被保険者が加入できる制度です。地域型と職業型の2種類があります。地域型は、各47都道府県に地域型国民年金基金が設立されています。職業型は、同種の事業や業務の同業者で設立される職業型国民年金基金です。2016年の法改正により、国民年金基金の合併が認められ、地域型の47都道府県国民年金基金すべてと職業型の一部を除く22の職業型国民年金基金が2019年4月に合併し、全国国民年金基金となりました。

　　関連用語：私的年金、第1号被保険者

個人年金　こじんねんきん …………………………………………………… **4**

私的年金制度の1種類です。銀行、生命保険会社、損害保険会社、郵便局（ゆうちょ銀行、かんぽ生命）、証券会社、農協（JA）などの金融機関から販売されているさまざまな年金商品に個人の意志で加入するものです。ただし、財形年金制度は、個人年金に分類されていますが、特殊な面があり、企業が福利厚生の制度として取り入れていなければ加入することができない商品です。

　　関連用語：年金商品、私的年金

個人平準保険料方式　こじんへいじゅんほけんりょうほうしき ……………… **69**

掛金率を算出する方法の1つで、個人別に収支のバランスがとれるように標準掛金を定めます。そのため、特別掛金は発生しませんが、個々に違う掛金率を管理するなど事務が複雑になるため企業年金ではあまり採用されていません。

個別資金決済　こべつしきんけっさい ………………………………………… **120**

年金制度の委託者との資金異動発生のつど、各受託機関に資金配分、資金回収を行うことです。個別決済ともいいます。

【さ】

財形年金制度　ざいけいねんきんせいど ……………………………………… **5**

正式制度名称は、勤労者財産形成年金貯蓄制度になります。勤労者の老後の生活安定のため、5年以上の定期積立、給与天引き、60歳以降まで払出しなしなどの要件を満たした場合に、元本550万円までの利子等について所得税を非課税とします（財形年金だけの場合）。銀行、信託銀行、生命保険会社、損害保険会社などで財形年金の商品を提供しています。契約は、勤務先を通じて行い、1人1契約となっています。

在職支給停止　ざいしょくしきゅうていし …………………………………… **13**

厚生年金保険では、60歳以降年金の支給が始まりますが、在職している場合、賃金

と年金額に応じて、年金の支給が減額されます。これを在職支給停止と呼びます。支給される年金のことを、在職老齢年金といいます（厚生年金基金制度の基本部分は、厚生年金保険を代行しているため、同様に在職支給停止があります）。

関連用語：在職老齢年金制度

在職老齢年金制度　ざいしょくろうれいねんきんせいど ························· **28**

厚生年金保険で、60歳以降年金の支給が始まった後、働きながら年金を受給する制度のことをいいます。

関連用語：在職支給停止

再信託方式　さいしんたくほうしき ··· **45**

マスタートラストで資産管理するスキームの1つです。各運用機関の資産管理機能を、再信託契約によって、マスタートラスト信託へ委託する方法です。

関連用語：マスタートラスト、共同受託方式

財政悪化リスク相当額　ざいせいあっかりすくそうとうがく ·················· **74,82**

20年に1度発生するような損失額を指します。年金積立金の資産区分に応じて厚生労働省が示す係数を用いて算定する方法（標準方式）、制度の実情にあわせて算定する方法（特別方式）のいずれかで計算します。財政悪化リスク相当額の全額または一部をリスク対応掛金で事前に積み立てることが可能です。

関連用語：リスク対応掛金、リスク分担型企業年金制度

財政検証　ざいせいけんしょう ··· **81**

財政検証とは、確定給付企業年金の毎年の決算において、財政運営に支障がないかを検証することです。

関連用語：継続基準、非継続基準、許容繰越不足金、最低保全給付

財政再計算　ざいせいさいけいさん ··· **55,87**

制度設立後に確定給付企業年金制度の掛金を計算し直すことです。年金制度の財政計画の基礎となる計算基礎率は、年金財政の長期的健全性を図るために少なくとも5年に一度見直しを行い、積立計画や掛金を見直します（定期的に行う財政再計算）。それ以外にも、毎年の財政検証の結果、基準に抵触した場合、制度変更を行う場合等に財政再計算を行います。

関連用語：計算基礎率

裁定　さいてい ··· **109**

年金または一時金にかかわる受給権の確認および給付額の算出を行うことをいいま

す。給付時に行う支給時裁定と、退職時に行う退職時裁定とがあります。支給時裁定と退職時裁定の違いは、規約を適用する時期にあります（退職から支給開始までの間に制度変更が起こると金額等が変わります）。

関連用語：裁定請求、裁定案内、待期者

裁定案内　さいていあんない ……………………………………………… **91**
基金では、裁定案内として裁定時期に裁定請求書を各種案内書とともに事業所経由で個人宛に送付します。裁定案内をもとに受給権者は裁定請求を行い、年金給付を受けることになります。

関連用語：裁定請求、裁定

裁定請求　さいていせいきゅう ……………………………………………… **91**
年金は、年金を受ける資格ができた時に自動的に支給が始まるものではありません。裁定請求とは、自分で年金を受けるための手続をいいます。手続としては老齢給付裁定請求書、年金手帳、戸籍抄本等を国または基金に提出することが必要です。

関連用語：裁定案内、裁定

最低保全給付　さいていほぜんきゅうふ ……………………………………… **84**
最低保全給付とは、財政検証時点までの加入期間に応じて発生しているとみなされる給付のことをいいます。受給者は年金給付額が最低保全給付になります。加入者については計算方法を規約で定めておくことになっています。

関連用語：財政検証、非継続基準

【し】

時価会計　じかかいけい ……………………………………………………… **121**
一部の資産や負債を決算期末にその時点の価格（時価）で評価し直し、貸借対照表のそれらの再評価前金額をそれぞれ再評価後金額に書き直し、損益計算書にこれらの金額差をそれぞれ評価損益として計上する会計制度のことです。

関連用語：簿価会計

支給繰下げ　しきゅうくりさげ ……………………………………………… **27**
65歳から受け取れる年金を、受給者の申出によって受取開始を遅らせることです。国の老齢厚生年金、厚生年金基金の基本部分（プラスアルファ部分は各基金の規約により異なります）で、支給繰下げができ、月0.7%の年金額が加算になります。確定給付企業年金では、規約に定めがある場合に申出ができ、規約に定める率が適用され年金額が加算になります。

（し）

関連用語：繰下げ

支給停止消滅指図書　しきゅうていししょうめつさしずしょ ……………… 111
支給停止状態から支給開始に変える指図書であり、支給開始指図書ともいいます。
現況未確認による差止めの解除、在老者による全額停止、他基金に在職のための全
額停止等から支給開始となる場合に入力する指図書です。

事業主　じぎょうぬし …………………………………………………… 13,117
企業年金を設立する会社のことです。

自己都合要支給額　じこつごうようしきゅうがく ……………………… 139
自己都合で退職した場合に支払われる退職給付額のことです。退職給付会計で要支
給額というと自己都合要支給額のことをいい、会社都合要支給額（会社都合で退職
した場合に支払われる退職給付額）とは区別します。

関連用語：退職給付会計

資産運用会社　しさんうんようがいしゃ ………………………………… 40
年金資産を委託者から受託して運用する金融機関のことです。信託銀行、生命保険
会社、投資顧問会社が該当します。

私的年金　してきねんきん ……………………………………………… 4
私的年金は、公的年金以外の年金制度です。私的年金は、企業が制度設立しないと
加入できない企業年金と、個人で加入する確定拠出年金（個人型（iDeCo））、国民
年金基金、個人年金に分類されます。

関連用語：公的年金、企業年金、確定拠出年金（個人型（iDeCo））、国民年金
基金、個人年金

シミュレーション方式　しみゅれーしょんほうしき ………………… 155
受給権者に対し、各年度の給付額を計算して予定利率で割り戻して給付現価を算出
する方法をシミュレーション方式と呼んでいます。

収支相等の原則　しゅうしそうとうのげんそく ……………………… 57
年金数理の基本原則の1つです。年金制度の財政計画において、収入総額と支出総
額を均衡させなければならないということです。

終身年金　しゅうしんねんきん ………………………………………… 13
年金受給者が生存している間、年金を支払うことです。

受益者　じゅえきしゃ ………………………………………………………… **44**
信託の利益を受け取る者のことです。信託とは、委託者が受託者に対して、信託財
産を移転し、受託者は委託者の設定した信託目的に従って、受益者のためにその財
産の管理・処分などをする制度のことです。企業年金の年金信託における受益者
は、基金または加入者・受給者になります。
　　関連用語：年金信託

受換金　じゅかんきん ……………………………………………………… **128,129**
年金制度加入時に企業年金連合会から移換されることとなる年金給付等積立金のこ
とを「受換金」といいます。なお、確定給付企業年金間の給付の支給に関する権利
義務の承継、または他の制度からの給付の支給に関する権利義務の承継に伴い受換
する資産は、制度間受換金といいます。
　　関連用語：移換金

受給期間　じゅきゅうきかん ……………………………………………………… **39**
年金の受取り開始から、受取り終了するまでの期間のことです。この期間に属する
者を受給者といいます。

受給権　じゅきゅうけん ……………………………………………………… **11,14**
一定の加入要件を満たすことによって取得する、年金・一時金を受給することので
きる権利のことです。たとえば、加入期間が25年以上であれば、年金が受給できる
などです。この受給権をもつ者を受給権者といいます。

受託者　じゅたくしゃ ………………………………………… **15,43,118,120**
企業年金の委託者から、年金制度の管理・資産運用などを委託された信託銀行、生
命保険会社、JA共済連（全国共済農業協同組合連合会）、JF共水連（全国共済水産
業協同組合連合会）のことです。

初回支給方式　しょかいしきゅうほうしき ……………………………………… **107**
年金の支払は、受給者からの指図書提出の時期により、支払期月（年金を支払う
月）を経過する場合があります。この支払期月を経過した支払分を遡及分（未支給
給付）といい、遡及する支払分を初回支給として、次の定例支払期月を待たずに毎
月の一定日に支払うことを初回支給方式といいます。
　　関連用語：随時支給方式

職能ポイント　しょくのうぽいんと ……………………………………………… **30**
ポイント制の年金制度において、ポイントの要素に職能・職責等級・役職をもとに

（し－せ）

するポイントを用いる場合のポイントのことです。
　　　関連用語：ポイント制

【す】

随時支給方式　ずいじしきゅうほうしき ……………………………………… **107**
年金の支払は、受給者からの指図書提出の時期により、支払期月（年金を支払う月）を経過する場合があります。この支払期月を経過した支払分を遡及分（未支給給付）といい、遡及する支払分について、一定の日を決めずに随時に支払う方式を随時支給方式といいます。
　　　関連用語：初回支給方式

数理計算　すうりけいさん ……………………………………………………… **30,116**
年金制度において長期的な財政計画を立てる際の数学的理論や計算方法を総称して年金数理といい、その計算手法のことを数理計算といいます。
　　　関連用語：年金数理

数理上差異の費用処理額　すうりじょうさいのひようしょりがく ……………… **147**
退職給付会計の用語。年金資産および退職給付債務の予測値と実績値の差異、基礎率変更により発生する退職給付債務の差異を数理上差異といいます。数理上差異の費用処理額は、数理上差異のうち当期の費用として処理される金額です。各期の発生額について平均残存勤務期間以内の一定年数で分割して費用処理します。
　　　関連用語：未認識数理上差異、即時認識、遅延認識

【せ】

制度管理業務　せいどかんりぎょうむ ……………………………………… **125**
企業年金制度の加入者・受給者管理業務のことです。拠出金計算や給付額計算、年金給付に関する事務、年金信託の契約管理事務などのことです。

制度管理システム　せいどかんりしすてむ ………………………………… **152**
企業年金制度における委託者情報（委託者名称、住所、制度発足日、業務委託形態、シェア情報、決算日、共同委託者情報等）と年金制度規約情報（加入要件、年金支給要件、年金支給方法、基礎率、現価率等）を管理しているシステムです。

制度設計　せいどせっけい ………………………………………………… **28,34,44**
確定給付型年金制度を開始する前に、支給する年金額・一時金額を加入期間、年齢などの条件で、いくらにするかを設計することです。給付する条件が決まることで、必要な掛金も決まります。

政府負担金　せいふふたんきん ……………………………………………… **47**
厚生年金基金では、厚生年金の給付や運用の一部を国にかわって行っています（代行制度）。この代行部分の保険料を「免除保険料」と呼びますが、免除保険料額が大きくなり、給付が増大すると、厚生年金基金の資金が不足してしまいます。その場合、差額を政府が負担することとなっており、これを「政府負担金」と呼んでいます。

　　関連用語：免除保険料、代行

生命表　せいめいひょう …………………………………………………… **58**
ある時期における死亡状況（年齢別死亡率）が変わらないと仮定して、死亡率や生存率、死亡数、生存数などを一覧表にしたものです。

責任準備金　せきにんじゅんびきん ……………………………………… **82**
将来の給付をまかなうために、現時点で保有しておかなければならない金額のことです。確定給付企業年金では、通常予測給付現価と財政悪化リスク相当額の合計額から標準掛金と特別掛金およびリスク対応掛金の収入現価を控除し、さらに追加拠出可能額を控除して算出されます。

　　関連用語：掛金収入現価、通常予測給付現価、責任準備金処理

責任準備金処理　せきにんじゅんびきんしょり ………………………… **155**
責任準備金を処理することです。

　　関連用語：責任準備金

選択一時金　せんたくいちじきん ………………………………………… **104**
年金受給資格を有する者が、本人の希望により全額または一部を一時金として受ける場合の一時金を選択一時金といいます。脱退時または受給中に選択が可能です。選択割合は規約により定められたものを選ぶことが可能です。

【そ】

総幹事　そうかんじ ………………………………………………………… **118**
企業年金制度を実施する場合は、資産運用については複数の金融機関に委託するのが一般的です。そのため、複数の金融機関を取りまとめ、各金融機関のシェアに応じて掛金を送金したり、給付の指図をする会社として、委託金融機関のなかから任命された会社のことを「総幹事」と呼びます。

　　関連用語：総幹事制、総幹事業務、業態幹事、窓口幹事、幹事受託機関、副受
　　　　　　　託機関、総幹事会社

(そ)

総幹事会社　そうかんじがいしゃ ……………………………………………… **38**
総幹事制における総幹事を担当する会社のことです。信託銀行、生命保険会社また
はJA共済連（全国共済農業協同組合連合会）の1社が行います。
　　　関連用語：総幹事制、総幹事、副本

総幹事業務　そうかんじぎょうむ ……………………………………………… **160**
企業年金制度を実施する場合は、資産運用については複数の金融機関に委託するの
が一般的です。そのため、複数の金融機関を取りまとめ、各金融機関のシェアに応
じて掛金を送金したり、給付の指図をする必要があります。その取りまとめ業務を
「総幹事業務」と呼びます。
　　　関連用語：総幹事制、業態幹事、窓口幹事、総幹事、幹事受託機関、副受託機
　　　　　　　　関

総幹事制　そうかんじせい ……………………………………………………… **118**
企業年金制度を実施する場合は、資産運用については複数の金融機関に委託するの
が一般的です。そのため、複数の金融機関を取りまとめる委託者との窓口となる幹
事会社を任命する制度のことです。
　　　関連用語：総幹事業務、業態幹事、窓口幹事、総幹事、幹事受託機関、副受託
　　　　　　　　機関、総幹事会社

総合型　そうごうがた ……………………………………………………………… **42**
厚生年金基金の設立形態の1つです。設立母体として、企業に対して強力な指導統
制力を有する組織母体または健康保険組合に属する企業集団で厚生年金基金を構成
しています。設立には人数要件があり、2005年4月以降は5,000人以上となってい
ます（それ以前は3,000人以上で認められていました）。確定給付企業年金では、設
立母体の要件はなく、基金型で人数要件300人以上となっています。
　　　関連用語：単独型、連合型

総合保険料方式　そうごうほけんりょうほうしき ……………………………… **69**
掛金率を算出する方法の1つで、将来加入者を見込まない閉鎖型総合保険料方式と
将来加入者を見込む開放型総合保険料方式があります。閉鎖型総合保険料方式は加
入者全員、開放型総合保険料方式は加入者および将来加入者全員で収支のバランス
がとれるように標準掛金を定めます。そのため特別掛金は発生しません。

総報酬制　そうほうしゅうせい …………………………………………………… **18**
厚生年金保険の掛金の拠出が、毎月の給与と臨時に支給される賞与の両方から徴収
されることです。2003年4月から総報酬制が始まりましたが、これ以前は毎月の給

与からの徴収だけでした。

即時認識　そくじにんしき ··· **141,147**

企業会計の用語で、退職給付会計では、数理上差異や過去勤務費用を発生時点で財務諸表に反映する方法です。日本の退職給付会計基準では、連結決算の貸借対照表では即時認識され、単独決算の貸借対照表では遅延認識されます（単独決算でも即時認識は可能）。なお、損益計算書では、連結決算・単独決算ともに遅延認識されます（即時認識も可能）。

> 関連用語：数理上差異の費用処理額、過去勤務費用の処理額、遅延認識、単独
> 　　　　　決算、連結決算

粗製脱退率　そせいだったいりつ ·· **60**

粗製脱退率とは、年金制度の過去3年分以上の加入者数、新規加入者数、脱退者数の実績から作成したままの脱退率をいいます。実績値をそのまま率にしたものなので滑らかな曲線になっていません。そのため粗製脱退率は補整が必要で、補整したものが予定脱退率になります。

> 関連用語：予定脱退率

粗平均給与　そへいきんきゅうよ ·· **63**

粗平均給与とは、年金制度の加入者数の実績をもとにして給与を年齢別に算出した平均給与のことをいいます。実績値をそのまま平均したものなので滑らかな曲線になっていません。そのため粗平均給与は補整が必要で、補整した給与を指数化して予定昇給指数を作成します。

> 関連用語：予定昇給指数

【た】

ターンアラウンド帳票　たーんあらうんどちょうひょう ······················· **95**

複写帳票で、事前印刷可能な項目については印字して提供します。必要項目を記入し、入力帳票として返信することで入力の事務負担の軽減を図ります。たとえば、加算給与変更届は各加入者の従前給与を印字し、基金に提供します。基金では変更後の給与を入力し、受託銀行（生保等）に送付します。

第1号被保険者　だいいちごうひほけんしゃ ·· **4**

国民年金では加入者を、第1号被保険者、第2号被保険者、第3号被保険者と3種類に識別しています。第1号被保険者は、20歳以上60歳未満の日本国内に住所を有する者のうち、第2号被保険者、第3号被保険者以外の者になります。具体的には、自営業者、学生、無職などになります。加入手続、保険料支払などは各自が行

います。

　　関連用語：国民年金、第2号被保険者、第3号被保険者、国民年金基金

待期期間　たいききかん ………………………………………………… **39**

加入者が退職してから、年金の受取り開始までの期間のことです。60歳定年で退職し、年金が65歳から支給のような間が待期期間になります。この期間に属する者を待期者といいます。

待期者　たいきしゃ ……………………………………………… **91,158**

退職時裁定の場合、退職時に裁定を行い、受給権と金額が確定しますが、支給開始年齢に達していない受給権者を受給待期者といいます。また、支給時裁定の場合は支給開始年齢が到来するまで裁定がされないため、受給権は発生しません。裁定を待っている者を未裁定待期者といいます。

　　関連用語：裁定

代行　だいこう ……………………………………………………………… **11**

厚生年金基金は、厚生年金保険の老齢厚生年金の一部を国にかわって支給します。このことを代行といいます。

　　関連用語：厚生年金基金、厚生年金保険、確定給付企業年金、政府負担金、免
　　　　　　　除保険料、独自給付

代行型　だいこうがた ……………………………………………………… **12**

厚生年金基金の給付形態（代行型、加算型など）の1つで、国の厚生年金保険と同様の給付設計であり、支給率が高いのが特徴です。1975年8月以降の新規制度設立は不可となっています。

　　関連用語：給付設計、加算型

代行返上　だいこうへんじょう …………………………………………… **21**

厚生年金基金制度において国の厚生年金保険を代行している部分の支払義務を国に戻すことです。

第3号被保険者　だいさんごうひほけんしゃ ……………………………… **25**

第3号被保険者は、第2号被保険者に扶養されている20歳以上60歳未満の配偶者になります。加入手続、保険料支払などは、配偶者の会社等が行います。被扶養配偶者でなくなって第1号被保険者に該当する場合は、自分で行う必要があります。保険料は、配偶者が加入している各制度からまとめて国民年金に支払われますが、配偶者の負担が増えることはありません。

関連用語：国民年金、第1号被保険者、第2号被保険者

第3号分割　だいさんごうぶんかつ ………………………………………… **25**

第3号分割に係る改正年金法は、2008年4月施行。2008年4月以降に成立した離婚が対象となり、2008年4月以降の第3号被保険者期間が分割対象になります。この対象期間における第2号被保険者の標準報酬合計額の2分の1が分割されます。

退職給付会計　たいしょくきゅうふかいけい ………………………………… **135**

退職給付にかかわる企業会計基準のことです。企業会計制度の見直しにより、2000年4月から始まる事業年度から適用されることとなりました。退職給付会計において退職給付債務に対する積立不足を連結決算では「退職給付に係る負債」、単独決算では「退職給付引当金」として、母体企業の貸借対照表に負債計上します。また、当期に発生した費用を「退職給付費用」として、損益計算書に費用計上します。

関連用語：退職給付債務、退職給付費用、過去勤務費用の処理額、自己都合要
支給額、未認識過去勤務費用

退職給付債務　たいしょくきゅうふさいむ ………………………………… **136**

退職給付債務は、退職時に見込まれる退職給付の総額である退職給付見込額のうち、期末までに発生していると認められる額を一定の割引率および予想される退職時から現在までの期間に基づいて、割り引いて計算したものです。

関連用語：期間の帰属、期間定額基準、給付算定式基準、勤務費用、退職給付
会計、利息費用

退職給付費用　たいしょくきゅうふひよう ………………………………… **144**

退職給付制度に関する会計上の費用のことです。損益計算書の費用項目に計上されます。

関連用語：退職給付会計

退職給与引当金　たいしょくきゅうよひきあてきん ………………………… **5**

従業員の退職金支払のために備えて積立てる引当金です。退職金の費用は支給時に一括計上すると、その決算期における損益に影響が大きいため、退職金規程などに基づいて合理的・計画的に毎期計上することになっていました。しかし、2002年度の税制改正で、退職給与引当金は廃止になりました。

大数の法則　たいすうのほうそく ……………………………………………… **56**

年金数理の基本原則の1つです。年金制度に即していえば、集団（加入者）の人数

が多いほど、各種統計データの実績値は予測計算の結果に近くなるということです。

第 2 号被保険者　だいにごうひほけんしゃ ……………………………………… **25**

第 2 号被保険者は、一般企業の会社員や公務員など厚生年金保険の加入者になります。厚生年金保険の加入者であると同時に、国民年金の加入者になっています。加入手続、保険料支払などは、会社等が行います。保険料は各制度からまとめて国民年金に支払われるので、厚生年金保険の保険料以外に負担はありません。

　　　関連用語：国民年金、第 1 号被保険者、第 3 号被保険者、厚生年金保険

脱退一時金　だったいいちじきん ……………………………………………… **24,103**

加入期間が短く年金受給資格がない者が退職した場合一時金として受け取ることになります。これを脱退一時金または退職一時金といいます。脱退一時金は、退職後一定の期間内に支払われます。

　　　関連用語：遺族一時金

脱退残存表　だったいざんぞんひょう ………………………………………… **67**

ある時期における脱退状況（予定脱退率）が変わらないと仮定して、脱退率や残存数などを一覧表にしたものです。

　　　関連用語：予定脱退率

短期資金口　たんきしきんぐち ………………………………………………… **130**

年金投資基金信託（短期資金口）の省略記述です。

　　　関連用語：年金投資基金信託（短期資金口）

単独型　たんどくがた ……………………………………………………………… **42**

厚生年金基金の設立形態の 1 つです。単独の企業が 1 社で厚生年金基金を構成しているものを「単独型」と呼びます。設立には人数要件があり、2005年 4 月以降は 1,000 人以上となっています（それ以前は、500 人以上で認められていました）。

　　　関連用語：連合型、総合型

単独決算　たんどくけっさん …………………………………………………… **135,141**

企業会計の用語で、 1 つの会社を会計単位として行われる決算手続を指します。単体決算、個別決算ともいいます。企業グループ全体で行う「連結決算」との対比で用いられます。

　　　関連用語：連結決算、即時認識、遅延認識

弾力償却　だんりょくしょうきゃく ……………………………………………… **73**
過去勤務債務の償却方法の1つです。過去勤務債務を元利均等償却で償却する掛金
率と、それに対応する最短期間で償却する掛金率を設定しておき、毎年この範囲内
で特別掛金を設定し償却します。
　　関連用語：元利均等償却

【ち】

遅延認識　ちえんにんしき ………………………………………………… **141**
企業会計の用語で、退職給付会計では、数理上差異や過去勤務費用を発生時点では
なく、一定期間に分割して徐々に財務諸表に反映する方法です。日本の退職給付会
計基準では、単独決算の貸借対照表では遅延認識されますが（単独決算でも即時認
識は可能）、連結決算の貸借対照表では即時認識されます。なお、損益計算書で
は、連結決算・単独決算ともに遅延認識されます（即時認識も可能）。
　　関連用語：数理上差異の費用処理額、過去勤務費用の処理額、即時認識、単独
　　　　　　　決算、連結決算

調整前給付現価　ちょうせいまえきゅうふげんか ……………………… **33,78,83,84**
リスク分担型企業年金の導入に伴って、財政が均衡している場合に年金規定で定め
る給付額算定方法に基づいて計算される給付現価のことを指します。従来の給付現
価と区別する場合に用いられ、正式には「通常予測給付現価」といいます。
　　関連用語：給付現価、通常予測給付現価、リスク分担型企業年金制度

【つ】

通常予測給付現価　つうじょうよそくきゅうふげんか ………………………… **82**
リスク分担型企業年金の導入に伴って、財政が均衡している場合に年金規定で定め
る給付額算定方法に基づいて計算される給付現価のことです。従来の給付現価と区
別する場合に用いられます。「調整前給付現価」といわれることもあります。
　　関連用語：給付現価、調整前給付現価、リスク分担型企業年金制度、責任準備
　　　　　　　金

【て】

定常人口　ていじょうじんこう ……………………………………………… **67**
定常人口とは毎年人口（人員構成）に変化がない均衡のとれた状態をいいます。年
金理は将来の人員構成を率で計算します。毎年加入者を一定にし計算に使用する
率を変えないとしたら、将来は定常人口に到達することになります。

ディスクロ　でぃすくろ ……………………………………………………… **163**
ディスクローズを略して「ディスクロ」という場合がしばしばあります。ディスク
ローズとは、一般的には情報開示ですが、年金資産運用のディスクローズとは、受
託機関（運用機関）が四半期ごとあるいは決算時に提出する報告書によって、委託
者に対し運用実績などを公開することを指します。

定率償却　ていりつしょうきゃく ………………………………………………… **73**
過去勤務債務の償却方法の１つです。毎事業年度末の過去勤務債務の残高に、規約
で定めた償却割合（15％以上50％以下）を乗じて償却します。

【と】

動産信託受益権口　どうさんしんたくじゅえきけんぐち ……………………… **130**
年金投資基金信託（動産信託受益権口）の省略記述です。
　　　関連用語：年金投資基金信託（動産信託受益権口）

投資顧問会社　とうしこもんがいしゃ ………………………………………… **50,117**
株式や債券などの有価証券の投資判断について、顧客と投資顧問契約を交わして専
門的立場から助言を行う会社のことです。
　　　関連用語：運用指図

独自給付　どくじきゅうふ ………………………………………………………… **11**
厚生年金基金から支給される年金で、厚生年金保険の代行部分を除いた部分（厚生
年金基金のプラスアルファ部分と加算部分）が、独自給付の年金になります。
　　　関連用語：厚生年金基金、代行

特別掛金　とくべつかけきん ……………………………………………………… **72**
特別掛金とは、確定給付企業年金における過去勤務債務の償却のための掛金のこと
をいいます。

【に】

日本版マスタートラスト案　にほんばんますたーとらすとあん ………………… **45**
アメリカにおけるマスタートラスト制度を参考に、厚生省（当時）が1999年３月に
公表した、日本の現状にあわせたマスタートラスト制度のことです。
　　　関連用語：マスタートラスト

日本版401(k)　にほんばんよんまるいちけい ……………………………………… **16**
確定拠出年金は、アメリカの401(k)制度を参考に日本で導入されたことから、日本

版401(k)と呼ばれています。

関連用語：確定拠出年金（企業型）、401(k)制度

【ね】

年金経理　ねんきんけいり ……………………………………………… **80,125**
確定給付企業年金の経理は、年金経理と業務経理に区分されます。年金経理は年金制度の年金給付および一時金給付に関する取引にかかわる経理区分です。

関連用語：業務経理

年金債務　ねんきんさいむ …………………………………………………… **47**
確定給付企業年金について、加入者に対する将来の年金給付に対して、ある時点（決算日等）までに発生していると想定する年金額のことです。

年金資産　ねんきんしさん ……………………………… **40,121,140,156,160**
年金のための掛金およびその運用利益を積み立てた資産のことで、積立金ともいいます。確定給付企業年金で保有する資産は年金資産です。また特定の退職給付のために積み立てられた資産であって、事業主の債権者から法的に分離されているなど、従業員のための保護要件を満たす場合は退職給付会計上の年金資産に該当します。

年金受給資格　ねんきんじゅきゅうしかく ………………………………… **24**
年金を受給するために必要な要件のことです。年金受給資格を得るには、加入期間が一定年数以上などの要件があります。

年金商品　ねんきんしょうひん …………………………………………………… **5**
年金商品は、銀行、生命保険会社、損害保険会社、郵便局（ゆうちょ銀行、かんぽ生命）、証券会社、農協（JA）などの金融機関から販売されています。たとえば、生命保険会社では、万一のときに死亡給付金などがついている、個人年金保険で定額年金保険、変額年金保険があります。損害保険会社では、ケガによる死亡・重度後遺障害の補償などがついている、年金払積立損害保険があります。銀行では、年金受取型預金、年金式定期預金があります。

関連用語：個人年金

年金信託　ねんきんしんたく …………………………………………………… **43**
企業年金の財産の管理、運用等の業務を信託銀行に任せることです。年金信託は、企業年金制度ごとに、厚生年金基金信託、確定給付企業年金信託などになります。

関連用語：受益者

(ね)

年金数理　ねんきんすうり ……………………………………… 47, 55, 56, 153
年金制度において長期的な財政計画を立てる際の数学的理論や計算方法を総称して年金数理といいます。

　　関連用語：年金数理人、数理計算

年金数理人（アクチュアリー）　ねんきんすうりにん（あくちゅありー）……… 38
企業年金が適正な年金数理に基づいて運営されているかを、毎年度の決算や財政再計算など、企業年金の財政に関して検証する専門家を年金数理人（アクチュアリー）といいます。

　　関連用語：年金数理

年金通算事業　ねんきんつうさんじぎょう ……………………………………… 48
確定給付企業年金の中途脱退者は、企業年金連合会に年金給付を引き継ぐことになっています。引き継がれた年金が複数ある場合、企業年金連合会で一本化して支払うことになります。これを企業年金連合会の年金通算事業といいます。

　　関連用語：企業年金連合会

年金投資一任契約　ねんきんとうしいちにんけいやく …………………… 50, 117
投資顧問会社に委託者が資産運用を委託する場合の契約のことです。投資顧問会社へ資産運用を委託する場合は、この契約だけでなく、信託銀行と年金特定金銭信託契約を結ぶ必要があります。

　　関連用語：年金特定金銭信託

年金投資基金信託　ねんきんとうしききんしんたく ……………………… 116
委託された年金資産について、運用対象（債券、株式、外貨建証券、貸付金等）ごとにまとめて合同運用を行うことを目的につくられた信託のことです。個々の委託者の資金（特に、委託者の資金が小口の場合）をプールして運用することによって、運用効率の向上や運用コストの軽減および投資リスクの分散化を図るなど、小口資金の効率的な運用が可能になるといったメリットがあります。

　　関連用語：基準価格方式、計算元本方式、年投受益権

年金投資基金信託（外貨建証券口）
　ねんきんとうしききんしんたく（がいかだてしょうけんぐち）……………… 130
年金投資基金信託のうち、外貨建証券を運用商品とするものです。基準価格方式の年投口です。

　　関連用語：外貨建証券口、基準価格方式、計算元本方式、年投受益権

年金投資基金信託（貸付金口）
　ねんきんとうしききんしんたく（かしつけきんぐち）………………………… **130**
年金投資基金信託のうち、貸付金を運用商品とするものです。計算元本方式の年投
口です。
　　関連用語：貸付金口、基準価格方式、計算元本方式、年投受益権

年金投資基金信託（株式口）
　ねんきんとうしききんしんたく（かぶしきぐち）………………………………… **130**
年金投資基金信託のうち、株式を運用商品とするものです。基準価格方式の年投口
です。
　　関連用語：株式口、基準価格方式、計算元本方式、年投受益権

年金投資基金信託（金銭債権信託受益権口）
　ねんきんとうしききんしんたく（きんせんさいけんしんたくじゅえきけんぐち）
　……………………………………………………………………………………… **130**
年金投資基金信託のうち、金銭債権信託受益権を運用商品とするものです。計算元
本方式の年投口です。
　　関連用語：金銭債権信託受益権口、基準価格方式、計算元本方式、年投受益権

年金投資基金信託（公社債口）
　ねんきんとうしききんしんたく（こうしゃさいぐち）…………………………… **130**
年金投資基金信託のうち、公社債を運用商品とするものです。基準価格方式の年投
口です。
　　関連用語：公社債口、基準価格方式、計算元本方式、年投受益権

年金投資基金信託（短期資金口）
　ねんきんとうしききんしんたく（たんきしきんぐち）…………………………… **130**
年金投資基金信託のうち、短期商品を運用商品とするものです。基準価格方式の年
投口です。
　　関連用語：短期資金口、基準価格方式、計算元本方式、年投受益権

年金投資基金信託（動産信託受益権口）
　ねんきんとうしききんしんたく（どうさんしんたくじゅえきけんぐち）……… **130**
年金投資基金信託のうち、動産信託受益権を運用商品とするものです。計算元本方
式の年投口です。
　　関連用語：動産信託受益権口、基準価格方式、計算元本方式、年投受益権

年金投資基金信託（不動産信託受益権口）
　ねんきんとうしききんしんたく（ふどうさんしんたくじゅえきけんぐち）‥‥ **130**
年金投資基金信託のうち、不動産信託受益権を運用商品とするものです。計算元本
方式の年投口です。
　　　関連用語：基準価格方式、計算元本方式、年投受益権

年金特定金銭信託　ねんきんとくていきんせんしんたく ‥‥‥‥‥‥‥‥‥‥ **50**
投資顧問会社に委託者が資産運用を委託する場合の信託銀行と結ぶ契約のことで
す。投資顧問会社とは、年金投資一任契約を結ぶ必要があります。
　　　関連用語：年金投資一任契約

年金のポータビリティー　ねんきんのぽーたびりてぃー ‥‥‥‥‥‥‥‥‥ **18**
各企業年金制度から年金受給資格を得る前に転職した場合、年金原資を転職先へ持
ち込めることです。2005年10月から始まり、年金のポータビリティー（年金通算）
制度と呼ばれています。

年投受益権　ねんとうじゅえきけん ‥‥‥‥‥‥‥‥‥‥‥‥‥‥‥‥‥ **130**
年金投資基金信託の受益権のことです。この受益権証書を年金信託財産で運用しま
す。
　　　関連用語：年金投資基金信託、年金投資基金信託（公社債口）、年金投資基金
　　　　　　　　信託（株式口）、年金投資基金信託（外貨建証券口）、年金投資基金
　　　　　　　　信託（貸付金口）、年金投資基金信託（動産信託受益権口）、年金投
　　　　　　　　資基金信託（不動産信託受益権口）、年金投資基金信託（金銭債権
　　　　　　　　信託受益権口）、年金投資基金信託（短期資金口）、基準価格方式、
　　　　　　　　計算元本方式

【は】

ハイブリッド型年金制度　はいぶりっどがたねんきんせいど ‥‥‥‥‥‥‥ **28**
確定給付制度と確定拠出制度の特徴を併せ持つ制度のことです。混合型とも呼ばれ
ます。日本におけるハイブリッド型の代表は、キャッシュバランス制度があります。
す。また、2017年1月からは「リスク分担型企業年金」という新たなハイブリッド
型年金制度も実施可能となりました。
　　　関連用語：キャッシュバランス制度、リスク分担型企業年金制度

発生主義　はっせいしゅぎ ‥‥‥‥‥‥‥‥‥‥‥‥‥‥‥‥‥‥‥‥‥ **121**
現金の収入・支出に関係なく経済価値が費消した事実が発生したときに費用・収益
を計上する考え方のことです。現金主義では押さえきれない、掛取引などを計上す

るために補正的な制度として生まれたものです。
　　関連用語：現金主義

【ひ】

非継続基準　ひけいぞくきじゅん ……………………………………………………… **55,84**
確定給付企業年金が決算時に行う財政検証の１つです。財政検証時点において制度
が終了したと仮定した場合に、加入者や受給者に対し保全すべき最低保全給付に必
要な最低積立基準額が確保されているかどうかを検証します。非継続基準に抵触し
た場合、すなわち最低積立基準額が不足している場合は、「積立比率に応じて必要
な掛金を設定する方法」または「積立水準の回復計画を作成して積立不足を解消す
る方法」のいずれかによって、積立水準の確保を図る必要があります。
　　関連用語：最低保全給付、財政検証

非適格退職年金　ひてきかくたいしょくねんきん ……………………………… **13,121**
廃止された適格退職年金の設立には法人税法で定める一定の条件を満たし、国税庁
長官の承認が必要でした。この一定の条件に該当しないのが、非適格退職年金にな
ります。非適格退職年金は、掛金の損金算入等の税制優遇措置は受けられません。

標準掛金　ひゅうじゅんかけきん ………………………………………………………… **69**
標準掛金とは、加入者の将来の期間に係る年金・一時金支給のために拠出される掛
金のことをいいます。

標準報酬　ひょうじゅんほうしゅう …………………………………………………… **12**
厚生年金保険の保険料や年金・一時金額を計算するときに、加入者の給与・賞与を
もとにして計算しています。各加入者の給与・賞与はさまざまで、毎月残業代の発
生等で変動するため、このまま計算に使用すると複雑な事務処理・管理などが必要
になります。これを解消するため、ある一定の範囲で分け、計算の標準となる金額
を標準報酬といいます。標準報酬という場合は、給与の標準報酬月額、賞与の標準
賞与額を総称することになります。
　　関連用語：標準報酬月額、標準報酬に基づく年金支給、免除保険料

標準報酬月額　ひょうじゅんほうしゅうげつがく ………………………………… **18,96**
厚生年金保険の保険料や年金・一時金額を計算するときに、加入者の給与・賞与の
標準報酬をもとにして計算しています。毎月の給与の標準報酬を標準報酬月額とい
います。１等級から31等級までの標準報酬月額が、決められています。
　　関連用語：標準報酬

標準報酬に基づく年金支給
ひょうじゅんほうしゅうにもとづくねんきんしきゅう ……………………………… **13**
年金支給が、給与に対する一定割合で算出する方式のことです。厚生年金保険は、標準報酬の平均と支給乗率に基づいて算出されます。

　　　関連用語：標準報酬

【ふ】

副受託機関　ふくじゅたくきかん …………………………………………………… **124**
年金制度の委託者に対する資産運用の窓口とならない会社のことです。

　　　関連用語：総幹事制、総幹事業務、業態幹事、窓口幹事、総幹事、幹事受託機
　　　　　　　　関

副本　ふくほん ………………………………………………………………………… **39**
原本の写し、控えのことです。企業年金における加入者台帳および受給者台帳の原本は、委託者が管理し、副本を総幹事会社が管理することになっています。

　　　関連用語：委託者、総幹事会社

不動産信託受益権口　ふどうさんしんたくじゅえきけんぐち …………………… **130**
年金投資基金信託（不動産信託受益権口）の省略記述です。

　　　関連用語：年金投資基金信託（不動産信託受益権口）

【ほ】

ポイント制　ぽいんとせい ……………………………………………………………… **29**
勤続年数、職能・職責等級・役職などの要素をポイントにして、1年（この期間は制度で設定できる）に1回ポイントを付与し、この累計にポイント単価を乗じた金額が退職時の年金額・一時金の算出の基礎になる年金制度です。

　　　関連用語：ポイント単価、勤続ポイント、職能ポイント

ポイント単価　ぽいんとたんか ………………………………………………………… **30**
ポイント制の年金制度において、ポイントを金額に変換するときの、1ポイント当りの単価です。

　　　関連用語：ポイント制

法定調書　ほうていちょうしょ ………………………………………………………… **51**
法定調書とは、所得税、相続税法等の規定により税務署に提出が義務づけられている資料のことです。主なものとして、「公的年金等の源泉徴収票」「退職所得の源泉徴収票」「生命保険契約等の一時金の支払調書」があります。

簿価会計　ぼかかいけい ·· **121**
資産や負債を新たに取得した際、取得時点での評価額（帳簿価額）を貸借対照表に
記載する会計制度のことです。
　　関連用語：時価会計

保証付終身年金　ほしょうつきしゅうしんねんきん ················· **92,106**
保証期間中は生死に関係なく年金が受け取れ、その後は被保険者が生存している間
年金を受け取ることができます。なお、保証期間中に死亡した場合は、遺族が残余
期間分を遺族年金または遺族一時金として受け取ることができます。
　　関連用語：保証付有期年金

保証付有期年金　ほしょうつきゆうきねんきん ························· **92,106**
保証期間中は生死に関係なく年金が受け取れ、その後は規約に定められた期間内は
被保険者が生存している間、年金を受け取ることができます。なお、保証期間中に
死亡した場合は、遺族が残余期間分を遺族年金または遺族一時金として受け取るこ
とができます。
　　関連用語：保証付終身年金

【ま】

マスタートラスト　ますたーとらすと ··· **45**
信託銀行や生命保険会社に分散して委託されている年金資産を一元管理する仕組み
です。発祥はアメリカで、資産運用の高度化と効率化を実施するため普及しまし
た。年金資産を一元的に管理する銀行が、有価証券の保管・決済、資金決済を行
い、各運用機関の運用パフォーマンス報告・会計報告のサービスを統一的に提供し
ています。
　　関連用語：共同受託方式、再信託方式、日本版マスタートラスト案

窓口幹事　まどぐちかんじ ·· **118**
年金制度の委託者に対する資産運用の窓口となる会社（総幹事）のことです。また
は、総幹事に対して、業態ごとの窓口となる会社のことです。
　　関連用語：総幹事制、総幹事業務、業態幹事、総幹事、幹事受託機関、副受託
　　　　　　　機関

【み】

未認識過去勤務費用　みにんしきかこきんむひよう ····················· **144**
給付水準の変更等により発生した退職給付費用の増減を退職給付会計では過去勤務
費用といいます（掛金率計算で述べている過去勤務債務と内容が異なり混同を避け

るためにこの名称となっています）。未認識過去勤務費用とは、過去勤務費用のうち期末時点で損益計算書で費用処理されていない金額です。
　　関連用語：退職給付会計、過去勤務費用の処理額

未認識数理上差異　みにんしきすうりじょうさい ……………………… 144
未認識数理上差異とは、数理上差異のうち期末時点で損益計算書で費用処理されていない金額です。年金資産および退職給付債務の予測値と実績値の差異、基礎率変更により発生する退職給付債務の差異を数理上差異といいます。
　　関連用語：数理上差異の費用処理額

【め】

免除保険料　めんじょほけんりょう ……………………………………… 11
厚生年金基金は、厚生年金保険の老齢厚生年金の一部を代行しています。この代行部分に相当する厚生年金保険料は国に納付することが免除されます。この免除される保険料が、免除保険料になります。免除保険料は、基金の事情により異なりますが、標準報酬の2.4%～5.0%の範囲で定められています。
　　関連用語：厚生年金保険、厚生年金基金、老齢厚生年金、代行、標準報酬、政
　　　　　　　府負担金

【や】

約定主義　やくじょうしゅぎ ……………………………………………… 121
有価証券等の取引が発生した時点で認識する方法で、取引が成立した日（約定日）に資産の売買を認識する考え方のことです。
　　関連用語：受渡主義

【よ】

予定死亡率　よていしぼうりつ ………………………………………… 55,58
予定死亡率は、加入者および受給者が将来どのような割合で死亡脱退するかを見込む率です。確定給付企業年金では厚生労働省告示に示された基準死亡率を使用することになっています。
　　関連用語：計算基礎率

予定昇給指数　よていしょうきゅうしすう ……………………………… 55,63
予定昇給指数は、給与比例制の年金制度の数理計算において使用する指数であり、給与がどのような傾向で上昇していくかを指数化したものです。粗平均給与を補整して作成します。
　　関連用語：粗平均給与、移動平均法、計算基礎率、グレヴィル法

0
(よーり)

予定脱退率　よていだったいりつ $\cdots$ 55,60

予定脱退率は、加入者が将来どのように年金制度から脱退していくかを見込む率です。掛金の拠出人数や給付の支払額を見込むために使用されます。年金制度の過去3年分以上の加入者数、新規加入者数、脱退者数の実績をもとにして粗製脱退率を作成し、粗製脱退率を補整したものが予定脱退率になります。

　　　関連用語：粗製脱退率、移動平均法、計算基礎率、グレヴィル法、脱退残存表

予定利率　よていりりつ $\cdots$ 55,59

予定利率は、積立金に対して見込んでいる運用利回りのことです。また年金数理計算では将来の給付額を現在価値に換算する割引率としても使用されます。

　　　関連用語：掛金収入現価、現価、計算基礎率、給付現価

【り】

利源分析　りげんぶんせき $\cdots$ 156

剰余金または不足金について、どのような要因により発生したのかを分析することです。主な発生要因は、基礎率で計算した理論値と実績との乖離によるものですが、これには利差損益、脱退差損益、死差損益、昇給差損益などがあります。

離婚分割　りこんぶんかつ $\cdots$ 25

離婚分割に係る改正年金法は、2007年4月施行。2007年4月以降に成立した離婚が対象となり、婚姻期間（結婚していた期間）すべてが分割対象期間になります。この対象期間における保険料納付記録について、上限を2分の1までとして分割できますが、当事者間での合意が必要で、合意できない場合は裁判所の決定に従うことになります。

リスク対応掛金　りすくたいおうかけきん $\cdots$ 74

2017年1月に導入された掛金で、「財政悪化リスク相当額」に備えて、その全部または一部を事前に拠出するものです。

　　　関連用語：財政悪化リスク相当額、リスク分担型企業年金制度

リスク分担型企業年金制度　りすくぶんたんがたきぎょうねんきんせいど $\cdots$ 31

2017年1月から実施可能となった、リスク対応掛金の財政安定化効果を活用した制度です。労使合意に基づいて、財政悪化リスク相当額ののうち、事業主が掛金拠出で対応（負担）する部分と従業員等が給付額の調整というかたちでリスクを負担する部分をあらかじめ決定しておくものです。事業主はあらかじめ定めた掛金水準が固定されるため、退職給付会計上は「確定拠出制度」として取り扱うことが可能となります。

企業年金用語集　199

（り－Ⅰ）

関連用語：財政悪化リスク相当額、リスク対応掛金、調整前給付現価、通常予測給付現価、ハイブリッド型年金制度

利息費用　りそくひよう ……………………………………………………… **145**
期首時点の退職給付債務に発生する期末までの利息のことで、期首の退職給付債務に割引率を乗じた額になります。

関連用語：退職給付債務

【れ】

連結決算　れんけつけっさん ………………………………………………… **135,141**
企業会計の用語で、子会社や関連会社を含む企業グループを単一の組織体とみなして行う決算手続を指します。法的に独立した複数の会社からなる企業グループ全体の経営成績と財政状態を把握する目的で行われます。

関連用語：単独決算、即時認識、遅延認識

連合型　れんごうがた …………………………………………………………… **42**
厚生年金基金の設立形態の1つです。企業相互間に有機的連携性がある複数の企業が連合して厚生年金基金を構成しているものを「連合型」と呼びます。設立には人数要件があり、2005年4月以降は1,000人以上となっています（それ以前は800人以上で認められていました）。

関連用語：単独型、総合型

【ろ】

老齢厚生年金　ろうれいこうせいねんきん ……………………………………… **27**
厚生年金保険の老齢給付のことです。受給するための要件は、国民年金の加入期間が10年以上、厚生年金保険の加入期間が1カ月以上、65歳以上で支給されます。

関連用語：免除保険料

【英・数字】

ⅠA型　いちえーがた ……………………………………………………………… **47**
厚生年金基金および確定給付企業年金の委託者が、信託銀行等へ業務を委託する形態の1つです。ⅠA型は、年金数理の計算、年金資産・年金債務の将来予想の業務を委託する形態です。

関連用語：ⅠB型、Ⅱ型、年金債務

ⅠB型　いちびーがた ……………………………………………………………… **47**
厚生年金基金および確定給付企業年金の委託者が、信託銀行等へ業務を委託する形

態の１つです。ⅠB型は、年金数理の計算、年金給付・一時金の送付、政府負担金請求（厚生年金基金のみ）等の基礎資料の作成、年金資産・年金債務の将来予想の業務を委託する形態です。

　　関連用語：ⅠA型、Ⅱ型、年金債務

DDX（Digital Data eXchange）　でぃーでぃーえっくす ……………………… **120**
NTTが提供しているデータ通信サービスです。データをパケットと呼ばれる単位に分割して送受信します。信託銀行間の電子データ交換の手段として採用されています。

DB　でぃーびー ……………………………………………………………………… **42**
確定給付企業年金の別名です。英語の「Defined Benefit Plan（確定給付型）」の略称から由来しています。

　　関連用語：確定給付企業年金

Ⅱ型　にがた …………………………………………………………………………… **47**
厚生年金基金および確定給付企業年金の委託者が、信託銀行等へ業務を委託する形態の１つです。Ⅱ型は、年金数理の計算、年金数理資料の管理、年金給付・一時金の送付、政府負担金請求（厚生年金基金のみ）等の基礎資料の作成、年金資産・年金債務の将来予想の業務を委託する形態です。

　　関連用語：ⅠA型、ⅠB型、年金債務

PV　ぴーぶい ………………………………………………………………………… **155**
PV（Present Value）＝現価のことです。掛金率および責任準備計算などの現価計算システムをPV計算と呼んでいます。

401(k)制度　よんまるいちけーせいど ……………………………………………… **16**
アメリカの税法である内国歳入法の401条(k)項に、企業の従業員の加入する確定拠出年金制度が定められています。このことから日本で確定拠出年金のことを401(k)制度と呼んでいます。

　　関連用語：確定拠出年金（企業型）、日本版401(k)

● 参考文献／参考ホームページ

【著者、発行年、書籍名、発行所】

泉本小夜子、2010年、退職給付会計の知識〈第2版〉、日本経済新聞出版社

植松亮、2002年、よくわかる退職給付会計、東洋経済新報社

監査法人トーマツ編、2005年、Q&A 企業年金・退職金の設計・資産運用と会計・
　　税務、清文社

企業年金連合会、2019年、企業年金に関する基礎資料　平成30年度版、企業年金連
　　合会

企業年金連合会、2006年、企業年金の財政運営、企業年金連合会

企業年金連合会、2013年、年金財政入門（第6版）、企業年金連合会

久保知行、2009年、わかりやすい企業年金〈第2版〉、日本経済新聞出版社

厚生統計協会、2018年、保険と年金の動向　2018／2019、厚生労働統計協会

住友生命保険　栗原健監修、2002年、ズバリわかる！　退職金年金制度設計運営マ
　　ニュアル、経営書院

坪野剛司、2005年、[総解説] 新企業年金〈第2版〉、日本経済新聞出版社

西沢和彦、2008年、年金制度は誰のものか、日本経済新聞出版社

日本トラスティ・サービス信託銀行編著、2018年、THE資産管理専門銀行 ［第4
　　版］、金融財政事情研究会

日本年金数理人会編、2003年、企業年金マネジメント・ハンドブック、東洋経済新
　　報社

日本年金数理人会編、2012年、新版　年金数理概論、朝倉書店

藤本健太郎、2005年、日本の年金、日本経済新聞出版社

みずほ総合研究所、2015年、図解　年金のしくみ（第6版）、東洋経済新報社

小野隆璽、2018年、明解　年金の知識　2018年度版、経済法令研究会

【組織名／団体名／社名、URL】

厚生労働省　www.mhlw.go.jp

国税庁　www.nta.go.jp

日本年金機構　www.nenkin.go.jp

生命保険協会　www.seiho.or.jp

信託協会　www.shintaku-kyokai.or.jp

日本アクチュアリー会　www.actuaries.jp

日本年金数理人会　www.jscpa.or.jp

企業年金連合会　www.pfa.or.jp

国民年金基金　www.npfa.or.jp

三井住友信託銀行　www.smtb.jp

みずほ信託銀行　www.mizuho-tb.co.jp
三菱UFJ信託銀行　www.tr.mufg.jp
りそな銀行　www.resonabank.co.jp
資産管理サービス信託銀行　www.tcsb.co.jp
日本トラスティ・サービス信託銀行　www.japantrustee.co.jp
日本マスタートラスト信託銀行　www.mastertrust.co.jp
住友生命保険　www.sumitomolife.co.jp
第一生命保険　www.dai-ichi-life.co.jp
日本生命保険　www.nissay.co.jp
明治安田生命保険　www.meijiyasuda.co.jp
JA共済連　www.ja-kyosai.or.jp
JF共水連　www.kyosuiren.or.jp

図解で学ぶSEのための企業年金入門【第2版】

2019年10月1日　第1刷発行

著　者　株式会社シーエーシー
　　　　金融ビジネスユニット
発行者　加　藤　一　浩

〒160-8520　東京都新宿区南元町19
発　行　所　一般社団法人 金融財政事情研究会
企画・制作・販売　株式会社きんざい
出版部　TEL 03(3355)2251　FAX 03(3357)7416
販売受付　TEL 03(3358)2891　FAX 03(3358)0037
URL https://www.kinzai.jp/

校正：株式会社友人社／印刷：株式会社日本制作センター

ISBN978-4-322-13478-0